EL GUERRERO CATÓLICO

Robert Abel

Valentine Publishing House
Denver, Colorado

Todos los derechos reservados © 2010 por Robert Abel. No está permitida la reproducción total o parcial de este libro, ni su tratamiento informático, ni la transmisión de ninguna forma o cualquier medio, ya sea electrónico, mecánico, por fotocopia, por registro y otros métodos, sin el permiso previo y por escrito del editor. Pueden usarse sin permiso citas breves como parte de artículos críticos o recensiones. Para obtención de permisos:

    Valentine Publishing House LLC
    P.O. Box 27422, Denver, Colorado 80227

Las citas bíblicas mencionadas en este texto han sido tomadas de *La Biblia Latinoamericana*, 150 edición. © 2005, Madrid: Editorial San Pablo y Editorial Verbo Divino. Reproducidas con los debidos permisos. Reservados todos los derechos.

Citas de la edición en español del *Catecismo de la Iglesia Católica* para uso en los Estados Unidos de América, © 1997, United States Catholic Conference, Inc.—Libreria Editrice Vaticana; y de la edición en español del *Catecismo de la Iglesia Católica*: Modificaciones basadas en la "*Editio Typica*" para uso en los Estados Unidos de América, © 1997, United States Catholic Conference, Inc.—Libreria Editrice Vaticana. Usadas con los debidos permisos.

Diseño de portada: *Desert Isle Design LLC*

Título original en inglés: *The Catholic Warrior*
Información editorial para catalogar:
    Abel, Robert.
    El guerrero católico / Robert Abel.

    Incluye referencias bibliográficas
    ISBN–10: 0-9796331-8-4
    ISBN–13: 978-0-9796331-8-8

    1. Lucha espiritual.
    2. Vida cristina – autores católicos.
    3. Catequesis – Iglesia Católica.
    4. Cristiandad.
    5. Fe – enseñanzas bíblicas.
    6. Demonología.

BX2350.3 .A2418 2010
248.4' 82–dc22

Impreso en los Estados Unidos de América.

El guerrero católico es un brillante tratado de lucha espiritual que enfrenta la ferocidad del enemigo y sus siervos malignos exponiendo abiertamente sus artificios torcidos. Robert Abel se ha revestido de santa audacia para persuadir a sus lectores de la urgencia de asumir la heroica responsabilidad de estar al frente en la continua batalla contra el maligno. Robert explica que es un privilegio y una obligación este gran esfuerzo por revestirse con la armadura de la guerra espiritual que une inseparablemente al individuo con el poder de Jesús para enfrentar el reto más formidable de la vida: que el reino de los cielos avance aquí en la tierra.

PADRE JOHN H. HAMPSCH, C.M.F.

ÍNDICE

1 — La visión 3
2 — El enemigo 9
3 — Visión del mundo.....................................23
4 — Puertas abiertas 39
5 — Adquiriendo autoridad 53
6 — La armadura de Dios................................69
7 — La fe del guerrero....................................87
8 — El amor del guerrero 103
9 — Encargados de una misión 121
Notas..130
Acerca del autor...136

*Publiquen esto entre las naciones,
proclamen una guerra santa, despierten a los
valientes, avancen y suban todos los
hombres de guerra. Conviertan sus azadones
en espadas y sus hoces en lanzas,
que el débil diga: "Soy un valiente".*

Joel 3,9-10

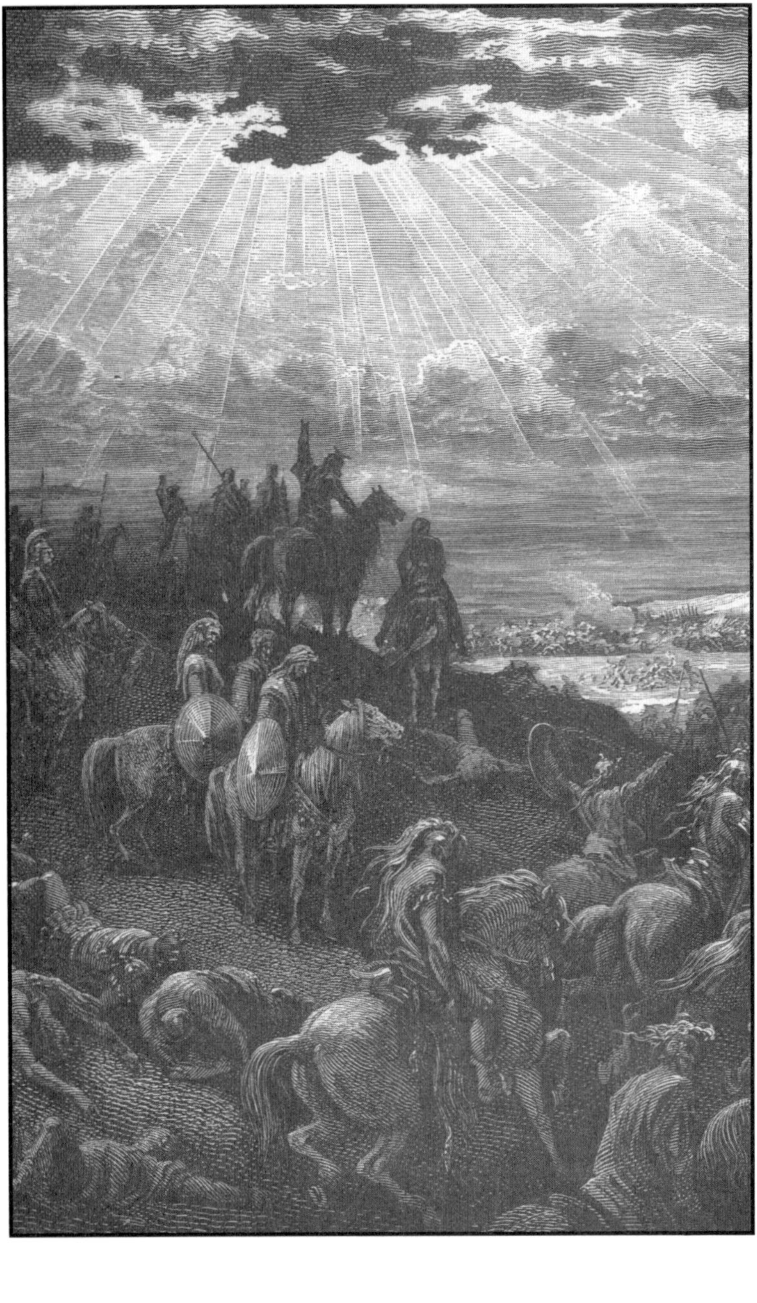

1

CAPÍTULO UNO

LA VISIÓN

Ciudad del Vaticano, Roma—Completamente asombrado pasé a través de numerosas filas de elevadas columnas. Se elevaban esplendorosamente desde el suelo con toda su fortaleza dirigiéndose al cielo. Cientos de columnas, todas ellas perfectamente alineadas formando dos columnatas una a cada lado de la basílica.

Incluso los adoquines debajo de mis pies cantaban alabanzas a Dios. Me arrodillé para tocar uno de ellos que parecía como de mil años de antigüedad. En cuanto froté mis dedos sobre la suave superficie negra, mi espíritu comenzó a alabar a Dios. Sin embargo, sentí como si estuviera en un mundo distinto, desconectado de las masas de turistas que se arremolinaban a mi alrededor.

Por un breve instante la multitud se separó y vislumbré un maravilloso obelisco en el centro de la Plaza de San Pedro. La esbelta estructura dirigió mi atención hacia el cielo. Cuando miré hacia arriba, tuve la visión de un vasto ejército. Encima de la columnata estaban de pie cientos de hombres y mujeres santos de Dios. Me miraban desde arriba como si estuvieran en los niveles más altos de un estadio.

Todos al unísono comenzaron a aclamar con gran

voz. Me sentí como si me rodearan los *innumerables testigos* del capítulo 12 de la carta a los Hebreos. Me animaban a que entrara en la carrera. Pude escuchas esas palabras moviéndome el corazón: "¡Corre para que obtengas el premio!".

Miré alrededor pare ver quién estaba allí. Pude distinguir a Juan Bautista, San Andrés y Santo Tomás de Aquino, con espadas y palos en las manos, listos para la acción. Algunos de ellos cargaban con cruces, otros iban leyendo y desplegando estandartes victoriosos. De pie, en el centro, sosteniendo una cruz con su mano, estaba el Comandante mismo del ejército del Señor: ¡Jesús!

Fue como una visión del cielo. Los más renombrados guerreros antiguos intercedían por los santos que todavía estaban en la Tierra. Una vez que estos hombres y mujeres santos entraron en la esfera celestial, continúan intercediendo por las almas perdidas en la Tierra.

Mientras continuaban el clamor de la batalla y los gritos de victoria, los valientes modelos me inspiraban con sus palabras de aliento: "Vístete con la armadura de Dios para que puedas resistir con firmeza a los embates del demonio". Sus palabras encendieron un ardiente fuego desde lo más profundo de mi corazón. ¡En ese momento, habría podido hacer cualquier cosa!

Me concienticé: soy un turista católico en país extranjero. Hay escasez de sacerdotes en América y yo asisto a una parroquia de 3,000 familias dirigida por un solo hombre. Mi párroco está tan ocupado que probablemente trabaje quince horas diarias. Con tantas bodas, funerales, bautizos y llamadas nocturnas de emergencia, me pregunto si tiene tiempo de preparar la homilía del domingo.

LA VISIÓN

Los valientes guerreros que me rodeaban *sometieron a otras naciones, impusieron la justicia, vieron realizarse promesas de Dios, cerraron bocas de leones, apagaron la violencia del fuego, escaparon del filo de la espada, sanaron de enfermedades, se mostraron valientes en la guerra y rechazaron a los invasores extranjeros.*[2]

San Pablo fue golpeado tres veces con la vara, apedreado casi hasta la muerte, naufragó una noche y día, afrontó *trabajos y agotamiento, con noches sin dormir, con hambre y sed, con muchos días sin comer, con frío y sin abrigo.*[3] Afrontó otras cosas más, pues constantemente estaba bajo presión y con ansiedad por la nueva Iglesia que él estaba fundando.

En nuestros días, el parroquiano normal sólo va a misa los domingos. Sin embargo, como todo cristiano lleno del espíritu, se le ha dado el poder de hacer las mismas obras de Jesús, tal como se ve en Juan 14,12: *"En verdad les digo: El que crea en mí hará las mismas obras que yo hago y, como ahora voy al Padre, las hará aún mayores".*

¿Te imaginas un vasto ejército de guerreros espirituales haciendo mayores obras que Jesús? La Biblia no sólo dice que esto es posible, sino que Marcos 16,17–18 dice que de hecho estas obras deberían acompañar a los creyentes. *Estas señales acompañarán a los que crean: en mi Nombre echarán demonios y hablarán nuevas lenguas; tomarán con sus manos serpientes y, si beben algún veneno, no les hará daño; impondrán las manos sobre los enfermos y quedarán sanos.*

A ti se te ha dado el poder. Jesús les dio a sus discípulos *autoridad para pisotear serpientes y escorpiones y poder sobre toda fuerza enemiga.*[4] Lo único que necesitas es creer en Jesús, tener sólo la suficiente fe para empezar a hacer las mismas obras que Él hizo, y pronto te verás haciendo incluso mayores obras. Por eso Jesús regresó al Padre, para enviarnos el Espíritu Santo. Jesús prometió que haría cualquier cosa que le pidiéramos al Padre en su nombre para que su Padre sea glorificado.

Sólo necesitas fe como del tamaño de un granito de mostaza y podrás decirle a un cerro: *Quítate de ahí y ponte más allá, y el cerro obedecería. Nada sería imposible para ustedes.*[5] La fe es mucho más que una creencia intelectual o la aceptación de una doctrina religiosa. La fe es el instrumento que un guerrero usa para aplicar el poder de Dios a toda situación que parece imposible.

Hay una multitud de testigos animando a todos los guerreros que están en la línea de batalla. Lo único que necesitas es vestirte con la armadura de Dios y comenzar a pelear el buen combate de la fe. Como discípulo de Cristo ya se te ha otorgado el poder para lograrlo.

Dios está buscando a todo el que esté dispuesto a cubrir la posición y adelantar el reino de los cielos aquí en la Tierra. La batalla será feroz, la recompensa será inmensa y la aventura irá más allá de tus sueños más salvajes. *El Espíritu y la Esposa dicen: "¡Ven!"*[6] Ven y únete al ejército de Dios.

*A través de toda la historia del
hombre se extiende una dura batalla
contra los poderes de las tinieblas que,
iniciada ya desde el origen del mundo,
durará hasta el último día según dice el Señor.
Esta situación dramática del mundo que
"todo entero yace en poder del maligno",
hace de la vida del hombre un combate.*

Catecismo de la Iglesia Católica, 409

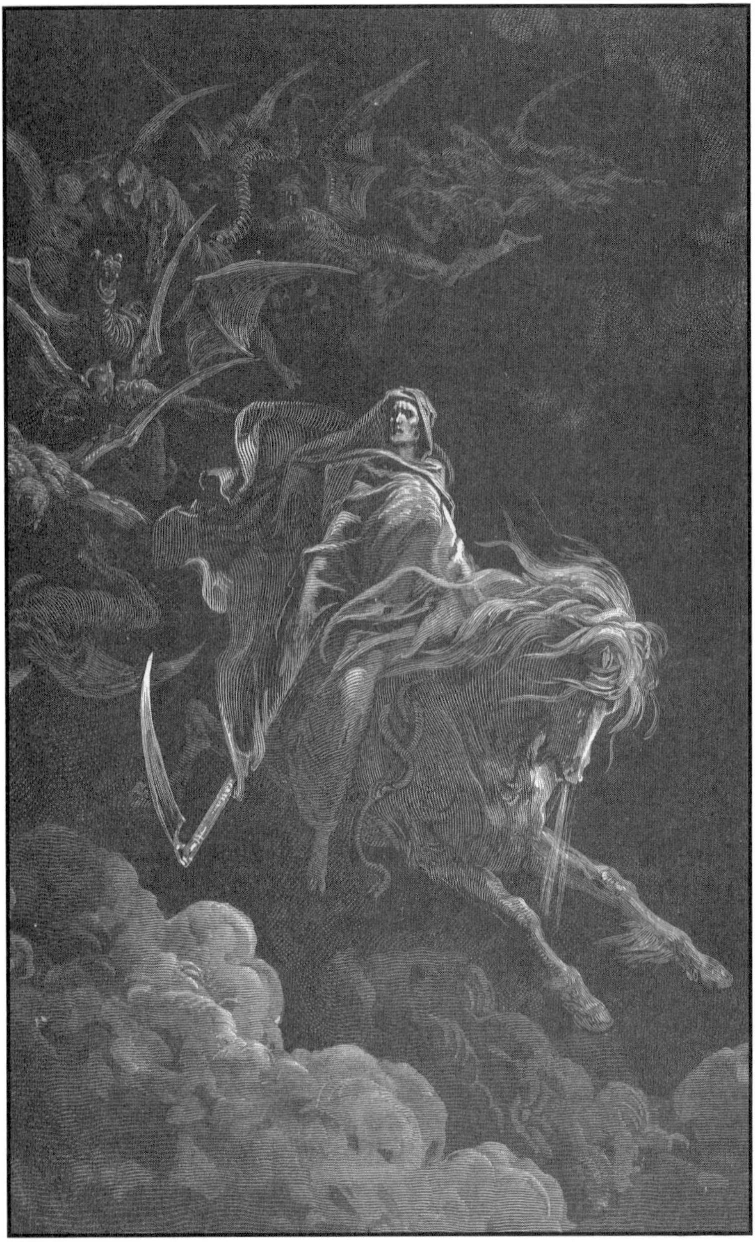

1

CAPÍTULO DOS

EL ENEMIGO

Hace muchos años conocí a una mujer llamada Athena que podía ver dentro de la esfera del alma. Conforme nuestra amistad fue creciendo, ella comenzó a detectar una presencia insana en mí que emergía en ambientes sociales. Cada vez que yo iba a un club, bar o a un evento social muy concurrido donde hubiera mujeres hermosas, mi personalidad cambiaba. Mi modo de ser ordinario desaparecía y una personalidad de donjuán tomaba su lugar.

Dicho comportamiento no lo provocaban ni la lujuria ni los pensamientos sexuales; estaba más bien provocado por el pecado de la codicia. Deseaba una mujer hermosa a mi lado, pero una vez que una de ellas me daba su corazón, quería a otra más hermosa. Nunca estaba satisfecho. Podría salir con la ganadora de Miss California pero seguiría buscando otra rubia alta y hermosa.

Mi personalidad de donjuán podría presentarse en cualquier momento, pero no tenía la misma fuerza en ambientes que no estaban cargados de elementos sobrenaturales. Parecía como si estuviera alimentado por la multitud, la obscuridad y el ambiente de continuo "golpe y roce" de los clubs.

Intenté eliminar este comportamiento un año antes de conocer a Athena. Hablé de ello con varios amigos pero nadie me dio una opinión adecuada, empezando porque cuando ellos se oponían a que fuera a los bares yo me defendía con frases como "Jesús era también sociable".

Athena pudo ver el problema desde lejos. Ella intentó hablar conmigo acerca de la opresión diabólica, pero no quise escucharla. Un día mientras hablaba con ella por teléfono, el tema salió otra vez a relucir. Esta vez le dije: "¡De acuerdo, yo mismo me metí en esto! ¡Yo me lo busqué! En este momento me pongo en la mesa de operaciones del Señor".

Instantáneamente, un presencia demoníaca apareció frente de mí. Pude verla con mis ojos del espíritu. Parecía un trozo de negativo de foto, morado y transparente, que cubría todo mi cuerpo. En cuanto la parte superior de mi cuerpo se liberó de él, pude sentir claramente su presencia en la parte inferior de mi cuerpo.

Esta ha sido la más horrible y asquerosa presencia con la que jamás me he topado. Era como un hoyo negro de puro odio que estaba invadiendo mi espacio. Mi primera reacción fue la de una gran violación. Estaba invadiéndome. Era un intruso indeseado que no sólo se apareció en mi casa sino que él mismo estaba pegado a mi persona como una sanguijuela asquerosa.

"¿Qué pasa?", siguió Athena gritando por el teléfono.

"No sé, pero ha sido la cosa más enfermiza y desagradable... No sé qué estabas rezando, pero me voy".

EL ENEMIGO

"¡No, espera! Tenemos que rezar un poco más".

En ese momento ella logró calmarme e introducirme a la lucha espiritual. Después de colgar el teléfono, empecé a buscar en la Sagrada Escritura. Me di cuenta de que en mi concordancia bíblica había cientos de referencias para la palabra "demonio". Esto significa que una parte muy importante del ministerio de Jesús era la lucha espiritual; Él vino para predicar la Buena Nueva, curar a los enfermos y expulsar los demonios.

El primer versículo con el que me encontré decía que Satanás era el *príncipe de este mundo*.[2] Jesús dijo lo mismo cuando estaba con Pilato: *"Mi realeza no procede de este mundo. Si fuera rey como los de este mundo, mis guardias habrían luchado para que no cayera en manos de los judíos. Pero mi reinado no es de acá".*[3]

Cuando Jesús estaba ayunando en el desierto, Satanás lo llevó y le mostró en un instante todos los reinos del mundo. Después Satanás le dijo a Jesús: *"Te daré poder sobre estos pueblos, y sus riquezas serán tuyas, porque me las han entregado a mí y yo las doy a quien quiero. Si te arrodillas y me adoras, todo será tuyo".*[4] Por supuesto, Jesús se negó, pero Satanás no podía ofrecer a Jesús todos los reinos del mundo si no le pertenecieran a él antes que a nadie.

No sólo es Satanás el príncipe de este mundo, sino que *ha sido un homicida desde el principio, porque la verdad no está en él, y no se ha mantenido en la verdad. Lo que se le ocurre decir es mentira, porque es un mentiroso y padre de toda mentira.*[5] Al principio no quería creerlo, pero después de que me abrieron los ojos, ya no tenía elección. He oído relatos del Evangelio acerca de los demonios, pero no sabía qué creer hasta que me encontré cara a cara con el mal.

Al día siguiente las *Chicas Budweiser* me llamaron para invitarme a salir. Stephanie y Victoria nunca me llaman. Era yo quien tenía que llamarles, además de pagar su entrada al bar y todo lo que tomaran. En cuanto Stephanie me invitó, una guerra se desató en mi alma. Una parte de mí quería ir a los bares, relacionarme y bailar, pero otra parte de mí estaba horrorizada. Sabía que la invitación era una trampa que me tendía el demonio para atrapar mi alma. En esta ocasión en vez de sólo un demonio morado, iba a terminar rodeado de siete más. No pude sino pensar en un versículo de San Lucas:

Cuando el espíritu malo sale del hombre, empieza a recorrer lugares áridos buscando un sitio donde descansar. Como no lo encuentra, se dice: Volveré a mi casa, de donde tuve que salir. Al llegar la encuentra bien barrida y todo en orden. Se va, entonces, y regresa con otros siete espíritus peores que él; entran y se quedan allí. De tal modo que la nueva condición de la persona es peor que la primera.[6]

Fue extremadamente difícil, pero finalmente le dije a Stephanie: "¡No! Lo siento pero no puedo salir esta noche". Por supuesto que ella quería saber el porqué, pero no tuve el valor de decirle la verdadera razón. Después de colgar con ella, llamé a Athena y le dije: "Me preocupa que vengan más demonios. ¿Hay alguna oración que los aleje?".

Me dijo: "¡No puedes hacer que se alejen! Los bares están llenos de demonios y tienen el derecho de estar ahí".

"¿Entonces cómo puedo protegerme?".

"Tienes que mantenerte puro y santo. Trata de descubrir cómo es que el demonio accedió a tu santuario interior la primera vez. Una vez identificada la puerta abierta, pídele a Cristo que la cierre y la deje bien sellada".

"¿Cómo puedo hacer eso? ¡Ni siquiera sé de qué puerta me estás hablando!".

"Se requiere de mucha oración. Normalmente las puertas están escondidas y frecuentemente muy bien resguardadas. Muchas veces los demonios usarán tu bagaje emocional reprimido, como experiencias traumáticas del pasado. Tú, sólo sigue rezando: 'Estoy seguro que Cristo me indicará el camino'".

Después de colgar el teléfono con Athena, comencé dándole un nombre al demonio. Lo llamé el demonio del deseo-carnal-femenino porque ahora mi pecado de codicia se sentía más como un deseo carnal. Como tenía que buscar puertas abiertas lo único que se me vino a la cabeza fue mi libreta de direcciones. Tenía más de cien nombres y números de teléfono de mujeres solteras que frecuentemente eran amigas, conocidas distantes o muchachas con las que había salido una o dos veces.

Después de buscar en mi corazón me di cuenta de la necesidad de romper todas las ataduras con mis viejos comportamientos juguetones. Me imaginé casado y pensé en cómo se sentiría mi esposa si viera mi libreta de direcciones. Seguro que no la aprobaría, pero por alguna causa no podía deshacerme de ella, parecía como si una parte de mi alma estuviera apegada a la libreta, como si se tratara de un trofeo que alimentara mi egoísmo. Teniendo números de chicas me sentía popular, varonil como un gran semental. Sólo después de mucha oración fui capaz de quemarla y entregársela así al Señor.

Después de romper los lazos insanos y destructivos que me ataban el alma y después de destruir mi fuente de tentaciones, me di cuenta de que todavía me faltaba encontrar la puerta abierta, lo que me llevó varias semanas de oración delante del Santísimo Sacramento, pero el Señor me refrescó la memoria. Cuando tenía trece años, me encontré una revista de *Playboy* en la zona de carga de un centro comercial. La escondí debajo del colchón más o menos un mes. Siempre que podía veía las fotografías y leía una columna llamada *Forum*. En ese entonces pensé que el texto era maravilloso porque mientras lo leía me invadía un calor ardiente.

Un día, mientras leía una historia de perversión sexual, el erotismo del texto me cubrió la cabeza con el calor ardiente que sentía y fue tan agradable que quería más y más. Quería posesionarme del calor, de los sentimientos, de la pasión erótica que provenía del texto. Sin saber lo que estaba haciendo, hice un pacto en la esfera de mi alma y el demonio deseo-carnal-femenino entró en mi ser.

Con el pasar de los años el demonio hizo todo lo que pudo para pervertirme sexualmente e interfirió en mis relaciones con las mujeres. Luché contra esto con la fuerza de mi voluntad y yendo a misa diariamente. Hice un voto de celibato hasta el matrimonio. Siempre que me asaltaba un pensamiento lujurioso lo desechaba de inmediato. Sin embargo, el demonio continuaba aferrándose a causa del pecado inconfesado en mi alma.

Aunque me confesaba con frecuencia, el demonio conservaba el derecho sobre mi alma porque nunca hice un auténtico acto de contrición. Estoy seguro de que en ese tiempo sí me confesé varias veces del pecado de la lujuria, pero nunca fue una confesión auténtica porque nunca estuve arrepentido de verdad. Una parte de mí disfrutaba de esa sensación lujuriosa que me envolvía.

Después de que el Señor me mostró la resquebrajadura en mi santuario interior, le supliqué que me perdonara. No había visto pornografía desde que tenía trece años, pero después de descubrir cuál era la puerta abierta, inmediatamente fui a confesarme y dejé bien cerrada esa puerta.

Desde entonces me siento más fuerte que nunca, llenando con el Espíritu Santo el vacío que dejó el demonio en mi alma. Mi personalidad de donjuán había dejado de existir completamente. Ya ni siquiera he podido volver a los bares. Me enferman. El juego del mujeriego se había ido por completo.

Después de una búsqueda más extensa, me di cuenta que la Iglesia Católica concibe dos tipos de exorcismos. El primero es el exorcismo simple, que forma parte del Bautismo. Después de ungir con aceite a los catecúmenos el celebrante les impone las manos diciendo una pequeña oración.

El otro tipo de exorcismo concebido por la Iglesia Católica sólo se celebra en los casos de posesión diabólica y se le llama solemne. Sólo lo puede celebrar el exorcista nombrado por el Obispo, quien le otorga los permisos para hacerlo.

En caso de posesión diabólica, la víctima se consume con la presencia del maligno, como en la película del *Exorcista*. Los demonios han tomado control del cuerpo de la víctima y son capaces de hablar y actuar sin el consentimiento de la víctima. Muchas veces las víctimas gritan blasfemias, poseen poderes y fuerza sobrehumanos, y necesitan que los amigos y familiares los sujeten.

La Iglesia cubre dos extremos: Ora sobre los elegidos para el Bautismo y tiene un equipo de especialistas que pueden liberar a quienes estén totalmente poseídos. Pero, ¿y el grupo intermedio? En mi caso, ya había recibido la oración en mi Bautismo y al mismo tiempo no estaba poseído. Pesqué un demonio leyendo un artículo en *Playboy*.

San Pablo también tuvo experiencias desagradables con demonios. Tres veces le suplicó al Señor que lo librara del demonio. Pablo no estaba poseído sino que le fue clavado un aguijón en la carne, un *verdadero delegado de Satanás* para él.[7] Otros hombres santos como San Pablo de la Cruz y San Nicolás de Tolentino, tuvieron que luchar contra demonios al igual que mujeres de Dios como Santa Catalina de Siena y Santa Teresa de Ávila.

Satanás no sólo ataca a los hombres de Dios sino que es el enemigo de todo cristiano. En 1 Pedro 5, 8 dice que el diablo ronda como león rugiente buscando a quien devorar. Todos los días millones de cristianos son asaltados por una presencia obscura. Como peste mortal, los demonios tienen la habilidad de provocar todo tipo de problemas médicos desde los más pequeños hasta cáncer, epilepsia, influenza y leucemia. Dios no creó las enfermedades; éstas son originadas por Satanás después de la caída de Adán y Eva.

El evangelista Lucas específicamente señala dos tipos de sanación que realiza Jesús. El primer tipo es la curación de enfermedades médicas y el otro tipo está relacionado con los demonios. Por ejemplo, cuando la suegra de Pedro estaba enferma, *Jesús se inclinó hacia ella, dio una orden a la fiebre y ésta desapareció. Ella se levantó al instante y se puso a atenderlos.*[8]

En otros casos, parece que el paciente está sufriendo de una condición médica, pero después de que Jesús le ordena a algún demonio que se aleje, el paciente se recupera. Un buen ejemplo es el del joven epiléptico, enfermedad crónica nerviosa que afecta el control del cerebro sobre la conciencia y los movimientos musculares. Todo el mundo estaba convencido que el muchacho no se curaría. Sin embargo, *Jesús dio una orden al demonio, que salió, y desde ese momento el niño quedó sano.*[9]

Lo mismo sucedió con una mujer que estuvo tullida dieciocho años. Era un problema médico causado por demonios. Estaba encorvada y no podía enderezarse. Los demonios entraron en el cuerpo de la mujer y poseyeron de sus huesos y músculos. Estaban interfiriendo con los impulsos eléctricos de su sistema nervioso.

Después de diagnosticar el problema, Jesús le impuso las manos y dijo: *"Mujer, quedas libre de tu mal".*[10]

Cuando los jefes de la sinagoga se indignaron porque había curado en sábado, Jesús les dio un punto de vista más profundo de la situación. Él respondió: *"Esta es hija de Abraham, y Satanás la mantenía atada desde hace dieciocho años; ¿no se la debía desatar precisamente en día sábado?".*[11]

No se trataba de un problema médico sino que Satanás la tenía atada. En algún momento de su pasado ella aceptó un pacto con el demonio debido a su vida pecaminosa y el demonio fue haciendo crecer su influencia en su vida. Quizá esto empezó con una simple tentación que dio lugar a un pecado recurrente o pudo haberlo heredado de alguno de sus padres en forma de heridas emocionales.

Después de estudiar la Escritura, encontré que los demonios tienen la necesidad de habitar en criaturas vivas. Pueden experimentar emociones, expresar sus deseos y hablar a través de los seres humanos. Tienen la habilidad de tomar decisiones inteligentes y de unirse con otros espíritus malignos. Pueden reunir sus poderes, hacer posesiones masivas e incluso ejercitar enorme fuerza física. Un buen ejemplo de todas estas habilidades es el caso del hombre poseído en Gerasa.

Después de que Jesús bajó de la barca, un hombre vino a su encuentro, saliendo de entre los sepulcros, pues estaba poseído por un espíritu malo. El hombre vivía entre los sepulcros, y nadie podía sujetarlo ni siquiera con cadenas. Varias veces lo habían amarrado con grillos y cadenas, pero él rompía las cadenas y hacía pedazos los grillos, y nadie lograba dominarlo.

Día y noche andaba por los cerros, entre los sepulcros, gritando y lastimándose con piedras. Al divisar a Jesús, fue corriendo y se echó de rodillas a sus pies. Entre gritos le decía: "¡No te metas conmigo, Jesús, Hijo del Dios Altísimo! Te ruego por Dios que no me atormentes". Es que Jesús le había dicho: "Espíritu malo, sal de este hombre".

Cuando Jesús le preguntó: "¿Cómo te llamas?", contestó: "Me llamo Multitud, porque somos muchos".[12]

Había allí una gran piara de cerdos comiendo al pie del cerro. Los espíritus le rogaron: "Envíanos a esa piara y déjanos entrar en los cerdos". Y Jesús se lo permitió. Entonces los espíritus impuros salieron del hombre y entraron en los cerdos; en un instante las piaras se arrojaron al agua desde lo alto del acantilado y todos los cerdos se ahogaron en el lago.[13]

Los demonios usan su habilidad para hablar cuando se dirigen a Jesús como *Hijo del Dios Altísimo*. Expresaron sus deseos suplicándole a Jesús que los enviara *a esa piara*. Querían habitar en un ser vivo, cerdo u hombre.

EL ENEMIGO

Había una legión de ellos trabajando juntos y le daban fuerza al hombre para romper las cadenas y despedazar los grillos.

Una de las formas más comunes en la que los demonios atacan a la humanidad es la tentación. Los demonios tienen la habilidad de infundir pensamientos en nuestras mentes. En efecto, uno de los grandes títulos de Satanás es el gran *tentador*.[14] Todos los días los cristianos son bombardeados con un pequeño susurro que les dice todo tipo de mentiras y deseos pecaminosos.

En otras ocasiones los demonios infunden pensamientos depresivos y desaniman a la persona con una voz que parece la voz interna de la misma persona. "Soy un estúpido. Nada me sale bien. Nadie me quiere". Si el hombre consiente estos pensamientos, comenzará a sentirse desanimado y en vez de superar los obstáculos que le están cerrando el camino, pierde energía y motivación. Cuando esta situación se prolonga por demasiado tiempo, estos pensamientos negativos afectan la química del cerebro y eventualmente conducen a la depresión. Si la espiral sigue cayendo, puede incluso llevar al individuo a pensar en suicidarse.

El caso de Job es un buen ejemplo. Después de que Satanás manipuló el proceso mental de los caldeos y llenó sus corazones de malas intenciones, hicieron tres columnas de soldados y atacaron a sus camellos. Mataron a sus siervos a punta de espada y después un gran viento, bajo el influjo diabólico, atravesó el desierto y arremetió contra las cuatro columnas de la casa de su hijo mayor, lo que provocó que la casa se derrumbara sobre los niños que estaban dentro.

Satanás incluso atacó a Job causándole enfermedades. El causante de tanto mal fue delante del trono de Dios y obtuvo el permiso para actuar. Después Dios le dijo a Satanás: *"Ahí lo tienes en tus manos, pero respeta su vida". Salió Satán de la presencia de Yavé e hirió a Job con una llaga incurable desde la punta de los pies hasta la coronilla de la cabeza.*[15]

Satanás es el príncipe de este mundo, el león rugiente que busca a quien devorar, el causante de nuestros males y el padre de la mentira. El ladrón sólo tiene un propósito, y es matar, robar y destruir. Los demonios pueden provocar enfermedades, accidentes e infecciones. Tiene el poder de destruir vidas, matrimonios y relaciones.

¿Cómo puede un Dios amoroso permitir que exista el mal? La respuesta cambiará por completo tu visión del mundo.

Detrás de la elección desobediente de nuestros primeros padres se halla una voz seductora, opuesta a Dios que, por envidia, los hace caer en la muerte. La Escritura y la Tradición de la Iglesia ven en este ser un ángel caído, llamado Satán o diablo.

Catecismo de la Iglesia Católica, 391

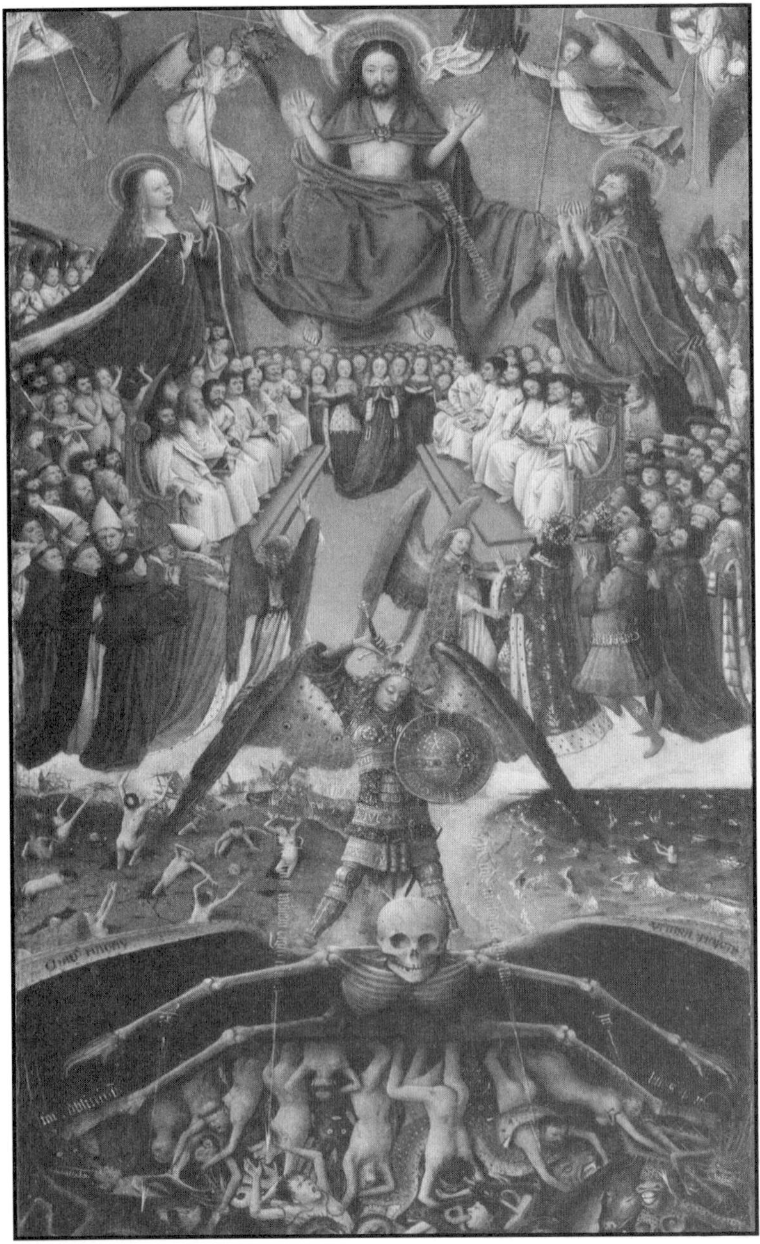

1

CAPÍTULO TRES

VISIÓN DEL MUNDO

Un día Dios creó un paraíso tropical, un vasto jardín de coloridas flores y aguas cristalinas. Tomando un puñado de polvo del suelo, Dios diseñó a su imagen y semejanza la obra de arte de la creación: un hombre y una mujer, Adán y Eva. Después de infundir el aliento de vida en sus cuerpos, vinieron a ser seres espirituales.

Todos los ángeles en el cielo se maravillaron de la obra de arte de Dios, excepto un arcángel llamado Lucifer quien estaba muy celoso. Su trabajo era estar a los pies del trono de Dios y ofrecer cantos de alabanza en la corte celestial. Era el maestro de los coros celestiales, muy respetado por los demás ángeles.

Satanás odiaba a Adán y Eva porque él solía ser el centro de atención. Todo mundo amaba su música, pero ahora las nuevas criaturas se contaban también entre las favoritas de Dios, quien los amaba tanto que quería que vivieran para siempre. Plantó el Árbol de la Vida en el centro del jardín y tenía la intención de reservarles en la corte celestial un lugar más alto que el de los ángeles.

Satanás no pudo soportar esa idea. Concibió un plan y convenció a la tercera parte del ejército de los ángeles. *Entonces se desató una batalla en el cielo: Miguel y sus* ángeles combatieron contra el dragón. Lucharon el dragón y sus ángeles, pero no pudieron vencer, y ya no hubo lugar para ellos en el cielo. El dragón grande, la antigua serpiente, conocida como el Demonio o Satanás, fue expulsado; el seductor del mundo entero fue arrojado a la tierra y sus ángeles con él.*[2]*

Entonces una gran voz se oyó desde el cielo: *"Alégrense, cielos y los que habitan en ellos. Pero ¡ay de la tierra y del mar!, porque el Diablo ha bajado donde ustedes y grande es su furor, al saber que le queda poco tiempo".*[3]

A Satanás y a una tercera parte de las huestes celestiales les fue arrancado su poder y fueron expulsados al abismo exterior. Todo lo que los hacía hermosos se les quitó y sólo les quedó oscuridad espiritual, vacío, odio, amargura y enojo.

Al mismo tiempo, Dios seguía cubriendo a Adán y Eva con amor y atención. Los amaba tanto que todas las tardes bajaba a caminar con ellos al fresco del crepúsculo. Satanás se enfureció al verlos desde el abismo. "Cómo se atreve a burlase de todo el linaje espiritual con este amorío con los humanos", le dijo a los demás demonios.

"Vamos a injuriar a Dios, atacando a sus criaturas más valiosas", dijo uno de los generales.

"¿Cómo es posible?" preguntó uno de los líderes.

"Hagamos que los humanos cometan el mismo delito que nosotros, a causa del cual fuimos expulsados de la presencia de Dios", dijo Satanás. "De esa forma Dios no podrá continuar su amorío sentimentaloide con los humanos".

Siendo 100% espíritu, los ángeles caídos pueden entrar en cualquier animal, pero Satanás eligió la serpiente porque era la más pícara de las criaturas del Señor. Lentamente se deslizó hacia Eva, la tomó desprevenida y le dijo: *"¿Es cierto que Dios les ha dicho: No coman de ninguno de los árboles del jardín?"*[4]

"Podemos comer de todos los árboles" dijo Eva. "Excepto del árbol que está en el centro del jardín, que está prohibido porque moriríamos".

"¡No morirás! Dios sabe muy bien que *el día en que coman de él, se les abrirán a ustedes los ojos; entonces ustedes serán como dioses y conocerán lo que es bueno y lo que no lo es"*, dijo Satanás.[5]

Viendo que el árbol era bueno para comerse, agradable a la vista y que además daba el poder de la sabiduría, Eva tomó del fruto y se lo dio a su marido. Después de que comieron sus ojos se abrieron. Permitieron que un espíritu oscuro entrara en sus almas y ya no pudieron seguirse comunicando con Dios como lo hacían antes.

Satanás provocó que Adán y Eva violaran la primera ley espiritual del universo: La luz y las tinieblas no pueden mezclarse. Nada malo puede convivir con la presencia de Dios. Dios no pudo seguir relacionándose con sus amados hijos de la misma forma porque ellos estaban contaminados por el pecado. Adán y Eva no sólo necesitaban limpieza de sus impurezas sino que necesitaban aprender a hacer bien venciendo al mal.

Como todo padre amoroso, Dios sabía que sus hijos no podrían vivir en el jardín para siempre. En algún momento sus hijos iban a crecer. Adán y Eva vivieron unos años estupendos jugando con los animales, pero Adán ya no podría seguir jugando a indios y vaqueros, un juego en el que ambos lados siembre se trataban bien. Sin la presencia del maligno, sólo hay personajes buenos y más personajes buenos.

Dios, en su gran sabiduría, sabía que Adán y Eva necesitarían dejar en su niñez el patio de juegos para comenzar a aprender las auténticas lecciones de la vida. Por eso Él puso el árbol en el centro del jardín, casi como si hubiera puesto una caja enorme envuelta con papel de regalo muy colorido en el cuarto de los niños, pero con una nota diciendo: No lo abran hasta que estén listos para ir a la escuela.

Adán y Eva no necesitaban más instrucciones. Ellos fueron creados con una inteligencia poderosa, un amplio vocabulario y la capacidad para entender matemáticas, ciencias y artes. Lo que necesitaban era entrenamiento espiritual, que sólo se puede enseñar a través de experiencias de primera mano. Los libros escolares no son capaces de enseñar santidad; ellos necesitaban una relación viva con un oponente formidable.

Cuando Dios expulsó a Satanás y a su vasto ejército del cielo, les arrancó sus poderes angélicos. Les dejó sólo la fuerza suficiente para convertirse en un oponente peligroso, pero suficientemente débil como para ser vencido si Adán y Eva caminaban en completa obediencia a Dios.

Satanás cultivaba ambiciones distintas. Él seguía siendo una de las criaturas más inteligentes y formuló un plan para tomar el control de la Tierra entera. Quería un reino para sí mismo, para regirlo con sus propias reglas y un vasto ejército de demonios que lo siguieran en su desesperada necesidad de un lugar calientito en donde habitar.

El cielo estaba repleto de luz, calor y amor, mientras ahora los ángeles caídos se congelaban en el abismo. Estaban hambrientos y sedientos de poder espiritual y sólo lo podían obtener luchando entre ellos. Los gobernantes atacaban a los generales y los querubines caídos trataban de someter a los serafines de menor rango.

Los ángeles caídos trataron de restablecer el mismo orden que fluía con hermosura en la corte celestial, pero no pudieron. Se tienen un odio muy intenso que les fue causando todo tipo de divisiones. Se convirtió en un caos total hasta que Satanás se levantó y dijo: "¡Dejen de atacarse unos a otros! Vayan a habitar en los humanos. Cubran de obscuridad el mundo entero".

"¿Qué plan tienes maestro?", preguntó uno de los generales.

"Llena la mente de Caín de un sentimiento de superioridad moral. Recuérdale lo duro que trabaja todos los días y haz que guarde lo mejor de la cosecha para sí mismo", le dijo Satanás.

Cuando Caín y Abel presentaron sus ofrendas, Dios intentó darle a Caín la oportunidad de aprender la lección de la diferencia entre un sacrificio aceptable y uno no aceptable. Pero por encima de eso, Dios quería el amor y la devoción de Caín. Quería una relación amorosa con su amado hijo.

Dios permitió que Satanás influyera en Caín con pensamientos de enojo y envidia para que Caín tuviera la oportunidad de decidir. Dios quería que eligiera el amor y la obediencia, intentó ayudar a Caín diciéndole: *"¿Por qué andas enojado y con la cabeza baja? Si obras bien andarás con la cabeza levantada. En cambio, si obras mal el pecado está a las puertas como fiera al acecho: ¡tú debes dominarlo!"*[6]

Las fuerzas obscuras merodearon con demasiada fuerza la puerta de Caín. Un espíritu de venganza se apoderó de él y mató a su hermano Abel. Después de que los demonios aprendieron a manipular a los humanos, una enorme nube negra cubrió la faz de la Tierra. Los demonios dirigieron a toda la raza humana a cometer todo tipo de pecados.

Dios continuó su trabajo con todos los hombres que quisieron caminar en la obediencia. Hombres como Henoc que *anduvo con Dios hasta que Dios se lo llevó: sencillamente desapareció.*[7] Dios estaba usando la resistencia natural al mal para criar hijos santos. Estaba interesado en adquirir piedras preciosas. Estaba recolectando diamantes en los granos de arena de la playa.

Satanás quería conseguir enormes masas de gente para gobernar sobre ellos por toda la eternidad. Su vasto ejército de demonios cubrió la tierra con obscuridad. En ciertos momentos su maldad se extendió tanto que Dios *se arrepintió pues de haber creado al hombre y se afligió su corazón. Dijo: "Borraré de la superficie de la tierra a esta humanidad que he creado, y lo mismo haré con los animales, los reptiles y las aves, pues me pesa haberlos creado".*[8]

Como hábil cirujano, Dios amputó el miembro contaminado para salvar la vida del paciente. Dios tomó al único hombre bueno que quedaba y le pidió que construyera un arca. Pronto las aguas *que estaban por encima del firmamento* fueron liberadas y en cuarenta días la Tierra quedó inundada.[9]

Después de la inundación, la población de la Tierra creció de nuevo, como fruto de un gran amor que no pudo apagarse a causa de la decepción que le provocó la humanidad. Dios ideó un nuevo plan. Esta vez Él quería establecer un nuevo pueblo tan leal y obediente que debido a su gran amor nunca sería capaz de abandonarle. Comenzó estableciendo una alianza con un hombre llamado Abraham de cuyo linaje nacieron las doce tribus de Israel.

VISIÓN DEL MUNDO

Dios quería que las doce tribus de Israel se convirtieran en una nación santa, un sacerdocio real y pueblo elegido. Quería cubrirlos con toda clase de bendiciones, darles la tierra para ellos mismos, una tierra que manara leche y miel. Pero antes de que Dios pudiera llevar a su nueva familia a la tierra prometida, tenía que enseñarles la diferencia entre el bien y el mal.

Dios permitió que sus hijos cayeran en la esclavitud a manos de los egipcios. Quería mostrarles la fealdad del pecado y que la experimentaran de primera mano. Quería que a sus hijos les enfermara tanto el daño y la destrucción que la maldad provoca que quisieran seguirlo a Él con obediencia firme.

Después de permitir que sus hijos sufrieran 430 años de trabajo como esclavos, Dios envió a Moisés a realizar obras maravillosas. Convirtió el Nilo en un río de sangre, llenó sus estufas y provisiones de ranas, envió langostas a destruir sus cultivos y la peste a matar el ganado. Envió un ángel a dar muerte a todos los primogénitos y todo para demostrar que si eran liberados no era por suerte o por accidente sino exclusivamente por la mano de Dios.

Después de que los egipcios dejaran marchar a los israelitas, Dios los alimentó con el maná en el desierto cuando tuvieron hambre e hizo brotar agua de una piedra cuando tuvieron sed. Les clamaba día y noche: "Quiero ser tu Dios y que tú seas mi pueblo". Después de prometerles una tierra que mana leche y miel, los israelitas estaban listos para firmar sobre la línea punteada. Moisés *tomó el libro de la Alianza y lo leyó en presencia del pueblo. Respondieron: "Obedeceremos a Yavé y haremos todo lo que él pide".*[10]

Mientras tanto Satanás y su vasto ejército de

demonios continuaron atacando y pervirtiendo todo lo que era sagrado para Dios. Cuando Dios ordenó: *"No te harás estatua ni imagen alguna de lo que hay arriba, en el cielo, abajo, en la tierra, y en las aguas debajo de la tierra"*, los demonios indujeron a la gente a tallar imágenes de madera.[11] Incluso se les dio poder espiritual sobre los fieles. Después de atraer a la gente a venerar imágenes, los demonios reunieron sus poderes y les concedieron a los fieles signos y favores especiales.

Cuando un hijo de Dios pecaba, se le requería que pagara el precio del pecado con su vida. Pero porque Dios es un Dios de amor y no se complace viendo la destrucción del malvado, permitió que la pena por el pecado fuera transferida de la vida del pecador a la vida de una oveja o cabrito. Cada vez que un hombre pecaba, podía ofrecer una oveja al sacerdote levita en lugar de su propia vida. Después de que el animal era sacrificado, el altar se rociaba con la sangre del animal y el pecado era perdonado.

Después de establecer exitosamente un sacerdocio real y una nación santa, Dios quería que los israelitas adoptaran esas mismas leyes espirituales y que avanzaran con ellas sobre la faz de la Tierra. Se les dio la orden de tomar posesión de la tierra en todo lugar donde se posaran las plantas de sus pies. Después de cuarenta años de entrenamiento en el desierto, los israelitas estaban listos para entrar en la tierra prometida.

Antes de que cruzaran el río Jordán, el Señor les explicó la razón por la que necesitaban sacar a cualquier otro habitante: *"Cuando hayas entrado en la tierra que Yavé, tu Dios, te da, no imites las costumbres perversas de aquellos pueblos. Que no haya en medio de ti nadie que haga pasar a su hijo o a su hija por el fuego; que nadie practique encantamientos o consulte a los astros; que no haya brujos ni hechiceros; que no se halle a nadie que se dedique a supersticiones o consulte los espíritus; que no se halle ningún adivino o quien pregunte a los muertos. Porque Yavé aborrece a los que se dedican a todo esto, y los expulsa delante de ti a causa de estas abominaciones".*[12]

Dios no se complace con la destrucción del malvado, pero los cananeos, amorreos, hititas, fereseos, jeveos y jebuseos se habían ya convertido en gente tan mala que necesitaban ser o expulsados o eliminados. Por el amor a sus hijos y para que su presencia pudiera habitar en medio de ellos, de día en una nube y de noche en un pilar de fuego, Dios ordenó a los israelitas que erradicaran toda forma de maldad que rehusara a cambiar su manera de ser.

Satanás sabía que la única forma en la que podría vencer a los israelitas era infiltrándose en el sacerdocio real. Entonces, un día llamó a todos los demonios principales y les dijo: "Asignen sus mejores espíritus religiosos a los sacerdotes y a los líderes del pueblo".

"¿Por qué tenemos que ayudarles a que practiquen la religión?", preguntó uno de los generales.

"Si pervertimos su culto espiritual, la presencia de Dios no acompañará a sus ejércitos. No bendecirá el trabajo de sus manos". Respondió Satanás.

"¡Eso es imposible!" reclamó un demonio. "Los israelitas son extremadamente religiosos. Nunca van a dejar de ofrecer holocaustos".

"No los detengan", dijo Satanás, "Sólo eviten que realicen auténticas alabanzas espirituales. Hagan que no se centren en Dios y que se desgasten en prácticas religiosas como elucubraciones mentales e infusiones.

Hagan que la práctica de limpiar las copas y platos sea más importante que la de limpiar sus mentes y corazones.

"Envíen espíritus de orgullo cada vez que un fariseo ocupe el lugar de honor en una sinagoga. Sedúzcanlos para que alarguen sus filacterias y ensanchen la orla de sus mantos. Hagan que la gente dé culto a los sacerdotes y no a Dios. Hagan todo lo posible para que la práctica externa de la religión sea más importante que el culto interno a Dios".

El plan de Satanás funcionó. Muy pronto una nube de obscuridad se formó sobre la nación israelita. Dios continuó enviando profetas que gritaban a la gente en las plazas de las ciudades, diciéndoles: *Así dice Yavé: "Aún me acuerdo de la pasión de tu juventud, de tu cariño como de novia, cuando me seguías por el desierto, por la tierra sin cultivar.*

¿Acaso sus padres me hallaron desleal, para que se alejaran de mí? Pues se fueron a cosas despreciables y, con esto, se hicieron despreciables. Yo soy quien los condujo al jardín de la tierra para que gozaran sus bienes y comieran los mejores frutos. Pero apenas llegaron a mi país, lo profanaron, y mancharon mi herencia.

Que los cielos se asombren y tiemblen espantados por eso, palabra de Yavé; doble falta ha cometido mi pueblo: me ha abandonado a mí, que soy manantial de aguas vivas, y se han cavado pozos, pozos agrietados que no retendrán el agua".[13]

El ejército de Satanás influyó con enorme fuerza a los líderes religiosos, de tal manera que cada vez que un profeta entregaba un mensaje que entrara en conflicto con su estilo de vida, lo acusaban de blasfemo y lo apedreaban hasta la muerte. No tardó mucho hasta que el mundo entero estuvo bajo la influencia del maligno.

Sin embargo, Dios siguió buscando a sus hijos con su amorosa bondad. Envió a su único Hijo, a establecer una nueva alianza. Jesús se deshizo de su propia dignidad divina y tomó la forma de un esclavo. Dejó su trono celestial y entró en el mundo de la oscuridad haciéndose hombre.

Satanás mantuvo a Jesús en observación cuando éste iba creciendo. Quería descubrir los planes de Jesús para interferirlos y proteger su reino de la destrucción. Estuvo siempre alerta buscando las oportunidades para asestar un golpe certero. Cuando Jesús estuvo ayunando cuarenta días en el desierto, Satanás tuvo su oportunidad.

Satanás se acercó a Jesús y le dijo: *"Si eres Hijo de Dios, ordena que estas piedras se conviertan en pan".*[14]

"El hombre no vive solamente de pan, sino de toda palabra que sale de la boca de Dios", dijo Jesús.[15]

Entonces Satanás lo tomó y se lo llevó al pináculo del tempo y le dijo: *"Si eres Hijo de Dios, tírate de aquí abajo, pues la Escritura dice: 'Dios dará órdenes a sus ángeles y te llevarán en sus manos para que tus pies no tropiecen en piedra alguna'".*[16]

"Dice también la Escritura: 'No tentarás al Señor tu Dios'", le respondió Jesús.[17]

Cuando Satanás se dio cuenta de que no tenía poder sobre el Señor, se alejó de su presencia hasta la siguiente ocasión. Se presentó en medio de los más alto de los demonios y les dijo, "No sé qué es lo está tramando, pero no me gusta nada. Si Jes a hacer milagros, todo el mundo va a creer en Él. Ya están empezando a alabar el suelo que pisa, pronto lo coronarán como rey de Israel".

"Vamos a levantar una revuelta", sugirió uno de sus generales. "Voy a continuar endureciendo el corazón de los fariseos. Ya se sienten amenazados. No me va a costar mucho".

"Yo voy a manipular a algunos falsos testigos", dijo un espíritu de avaricia.

"¡Perfecto!", dijo Satanás. "Inciten un motín y matemos el cuerpo físico de Dios. Entonces veremos qué queda de sus planes".

Unos días después de la Pascua, los romanos estaban preparando la crucifixión de varios criminales. Dado que Poncio Pilato estaba pocos días en la ciudad, los demonios agitaron a una turba para que tomaran a Jesús y comenzaran a burlarse de Él. Uno de los guardias lleno de un espíritu furioso tejió una corona de espinas y se la clavó en la cabeza a Jesús. Todos comenzaron a burlarse y a escupirle: "Miren, es el rey de los judíos".

Como un cordero llevado al matadero, Jesús guardó silencio para que se cumpliera una antigua profecía.

Varios guardias le arrancaron a Jesús sus vestiduras y le ataron las manos por encima de la cabeza. Otro guardia tomó un látigo hecho de cordeles de piel y piedras afiladas en la punta. El guardia descargó toda la fuerza del látigo sobre la espalda, los hombros y las piernas de Jesús.

De inmediato los objetos cortantes atravesaron la piel. Luego, cada vez que el guardia se preparaba para el siguiente latigazo, se desprendían pedacitos de piel. Esto trituró sus músculos y descubrió sus huesos. Los ojos de Jesús se llenaron de lágrimas y sin embargo siguió mirando a los hombres con amor en su corazón.

Finalmente, los guardias desataron a Jesús y arrojaron su débil y ensangrentado cuerpo contra el poste. Le pusieron una túnica sobre los hombros y le colocaron un palo en la mano a modo de cetro. Se burlaban de él diciendo: *"¡Viva el rey de los judíos!" Le escupían en la cara y con la caña le golpeaban en la cabeza.*[18]

Después de burlarse de Jesús, los guardias le arrancaron su túnica y le ataron una enorme cruz a los hombros. Lo forzaron a comenzar un camino muy doloroso cargando con todo el peso de la cruz. Cada vez que Jesús caía, otro latigazo le seguía arrancando la carne. Finalmente llegó al Gólgota, el lugar de la calavera, donde lo crucificaron.

Repentinamente la oscuridad cubrió toda la Tierra. Todos los pecados de la humanidad cayeron sobre Jesús. El Padre tuvo que alejarse de Él. Jesús gritó con fuerte voz: *"Dios mío, Dios mío, ¿por qué me has abandonado?"*[19] Jesús vino a ser el cordero del sacrificio de Dios. Pagó el precio del pecado de la humanidad, la pena de muerte con su propia sangre.

Después de todo esto hubo un cambio significativo en el ámbito espiritual. La cortina del templo se partió en dos. La Tierra tembló. Las piedras se resquebrajaron. Las tumbas se abrieron y muchos cuerpos de santos que habían caído en un largo sueño resucitaron. Satanás nunca se esperó que sucediera todo esto, pero Jesús instaló una especie de tubería, un puente espiritual entre el cielo y la Tierra. En ese instante la chispa de un rayo brillante de luz disipó la obscuridad de la tierra.

Antes de la crucifixión Dios quería habitar con sus hijos, pero la oscuridad del pecado lo separaba de su creación. En vez de destruir a Satanás, la fuente y el instigador de la oscuridad, y por tanto otorgándole a sus hijos la fortaleza que necesitaban para crecer en santidad, Dios mandó a su Hijo a instalar una tubería del cielo a la Tierra, un conducto que permitiera a sus hijos acceder a la presencia de Dios, a través de la oscuridad, por medio del poder del amor de Jesús.

Jesús promulgó la segunda ley espiritual del universo. Si el pecado separa a los hombres de Dios, entonces el amor unirá a los hombres con Dios, porque Dios es amor. Cuando Jesús sufrió todos los abusos que Satanás le pudo infligir, Él siguió amando y rompió el poder de Satanás.

Ahora los hijos de Dios pueden usar siempre que quieran esa tubería espiritual que Jesús instaló entre el cielo y la Tierra para invitar al amor de Dios a la oscuridad. Los hijos de Dios se han convertido en la luz del mundo.

¿Cómo logra Dios que sus hijos usen la luz de Cristo para protegerse a sí mismos y que avance el reino de los cielos aquí en la Tierra? De la misma forma que un hombre fuerte mantiene intacta su casa espiritual.

¿Quién entrará en la casa del Fuerte y le robará sus cosas, sino el que pueda amarrar al Fuerte? Sólo entonces le saqueará la casa.

Mateo 12,29

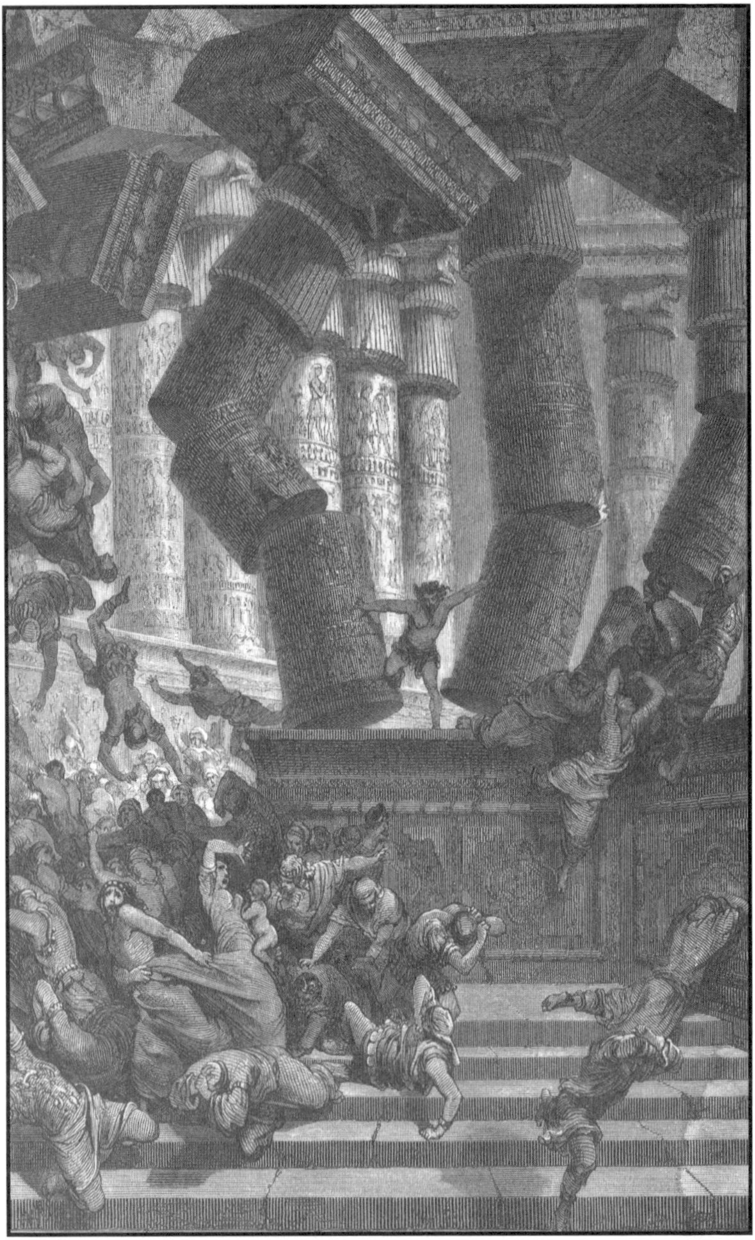

1

CAPÍTULO CUATRO

PUERTAS ABIERTAS

Una vez un hombre poderoso y su esposa entraron a una tierra corrupta y oscura. En todos los rincones había un carterista, ladrones con pistolas y rateros que robaban todo lo que no estaba asegurado con un cinturón. La única forma en la que el hombre poderoso pudo proteger a su familia de los crecientes crímenes y la violencia fue comprando una magnífica fortaleza.

Después de buscar el terreno para construirla, el hombre poderoso se encontró con un hermoso campo de varias hectáreas rodeado por un arroyo precioso. En un lado de la propiedad, había un laguito y un extenso prado con árboles al lado del cual se encontraba la zona más corrupta de la ciudad. Al hombre y a su esposa les gustó tanto la propiedad que la compraron a pesar de su ubicación.

Después de obtener la escritura de la propiedad, el hombre poderoso construyó cuatro torres de piedra, una para cada esquina de su propiedad. Cerró el perímetro con una barda de piedra y puso letreros de "No pasar, propiedad privada" por todo el contorno. Una vez que su barrera protectora estuvo terminada, excavaron para los cimientos y comenzaron a construir una estructura fortificada de piedra y cemento.

El proyecto se terminó en un año. Su familia pudo mudarse a un hermoso castillo. Tenía varios niveles, pisos de azulejos pulidos, una terraza de piedra con arcos y las entradas exteriores estaban aseguradas con hermosas puertas de roble hechas a mano.

Cuando la obra se terminó, el hombre poderoso se la dedicó al Señor. Era un santuario seguro, un lugar donde su familia podría crecer con seguridad en el amor y protegida de los ladrones del exterior. Todo lo que de ahora en adelante tenía que hacer el hombre poderoso sería mantener filtros de seguridad por todo el perímetro exterior y así se mantendrían seguros.

Eventualmente el hombre poderoso y su esposa quisieron ayudar a la comunidad. Los niños se morían de hambre en las calles debido a la sobrepoblación y al empobrecimiento. Crímenes violentos se cometían a la luz del día. Todas las noches alguien era asaltado en la plaza del pueblo. La corrupción se había apoderado de todas las autoridades y policías del pueblo.

"Ya sé cómo podemos ayudar", dijo el hombre poderoso. "Vamos a comprar la parte más pobre de la ciudad. Después de que construya una barda de protección a su alrededor, sacamos a todos los habitantes malos y cultivamos lo necesario para que la gente pueda comer".

"Tengo una mejor idea" dijo la esposa. "Vamos a organizar un banquete y a invitar a todos nuestros vecinos. Cuando vean nuestra caridad y hospitalidad, estoy segura de que querrán saber de dónde viene y quizá entonces podamos ayudar a nuestros vecinos a cambiar su manera de vivir".

"Si compramos un terreno podríamos alimentarlos por muchos años".

"¿Qué mejor forma de alimentar gente que invitarlos a venir a cenar?", dijo la esposa.

Finalmente, el hombre y su esposa decidieron organizar un gran baile. Abrieron las puertas de su casa e invitaron a sus vecinos a cenar. Después de unas horas los invitados se habían devorado toda la comida y comenzaron a vagar por todo el castillo.

"¿Dónde está el baño?", preguntó un huésped.

"Arriba a la izquierda", contestó el hombre poderoso.

En cuanto el hombre llegó arriba, entró a la habitación del hombre poderoso y comenzó a buscar en los cajones del vestidor. Encontró un reloj de oro y un collar de perlas y se los escondió en el bolsillo.

Al mismo tiempo otro huésped bajó sigilosamente hasta el sótano donde aflojó los tornillos y abrió los cerrojos de las ventanas; quería dejarlos así para regresar después con varios de sus amigos a robar en esa bodega.

"¿Dónde está mi bolsa?", gritó la esposa del hombre poderoso. "Estaba sobre la repisa hace un minuto".

Inmediatamente el hombre poderoso se dio cuenta de que la barrera protectora que rodeaba su santuario había sido quebrantada. Se volvió a los invitados y les gritó: "¿Cómo se atreven a robarme?".

"Somos rateros y ladrones", dijo uno de los invitados. "Nuestro trabajo es robar".

"Exijo que me devuelvan todo lo que es de mi propiedad y que todo el mundo se marche de aquí inmediatamente".

"¡Tú no nos puedes echar fuera! Tú nos diste una

invitación que nos da el derecho de estar aquí", dijo uno de los ladrones.

"Si no se van, tendré que llamar a la policía para que los arreste".

Repentinamente, estalló una pelea entre el hombre poderoso y el ladrón que tenía su reloj. La mayoría de los invitados corrieron en la oscuridad llevándose todo lo que pudieron de la casa del hombre poderoso. Otros comenzaron a sacar sus obras de arte de la casa por la puerta principal.

Después de muchas horas llegó la policía de un pueblo vecino y arrestó a los bandidos que todavía estaban forcejeando con el hombre poderoso. Cuando se los llevaron a la cárcel, el hombre poderoso y su esposa habían aprendido una lección muy valiosa: No le abras al malvado la puerta de tu vida espiritual ni lo dejes que entre, porque es muy difícil lograr que salga.

Del mismo modo, todo guerrero necesita instalar barreras de protección entorno a su casa espiritual. En la Antigua Alianza, Dios quería habitar con sus hijos en una nube en el día y un pilar de fuego en la noche. En la Nueva Alianza, Dios sigue deseando habitar con sus hijos, pero ahora quiere hacerlo en el corazón de cada uno de ellos.

Todos los cristianos están llamados a convertirse en templos del Dios vivo, tabernáculos del Espíritu Santo. De la misma forma en que los israelitas tuvieron que purgar el mal de su entorno, es imperativo que todos los guerreros inviten a Cristo a sus corazones, cierren bien selladas todas las puertas y mantengan limpias sus casas espirituales.

Hay siete puertas que los demonios usan para entrar

en la casa del guerrero y extinguir la luz de Cristo. Identificando esas puertas estarás mejor preparado para protegerte a ti y a tu familia de los ladrones y rateros cuya única meta en la vida es robar, matar y destruir.

Puerta 1: Hábito de pecado

Todo pecado es una aceptación del mal. Cuando un hombre comete un pecado está diciéndole "no" a Dios y "sí" al diablo. *El que vive en el pecado es esclavo del pecado.*[2] El pecado es la puerta que el maligno usa para obtener acceso a tu casa espiritual. Una vez que el modelo o patrón de un pecado se ha establecido, los demonios pueden usar esa puerta cada vez que quieran porque el pecado les da la llave.

Todos los pecados parecen inocentes e inofensivos al principio. Una pareja puede darse un beso romántico en la mejilla para despedirse. Después de ver una película unos días más tarde, se van a encontrar en el sillón besándose y acariciándose. Una vez que continúen con caricias más atrevidas van a comenzar a quitarse la ropa. La puerta sexual ya ha quedado abierta.

Si los jóvenes enamorados no tienen cuidado, sus deseos los pueden llevar al pecado de la fornicación, las relaciones sexuales fuera del matrimonio, etc. Cuando su pecado crece da lugar a la muerte porque *los que hacen tales cosas no heredarán el Reino de Dios.*[3]

Una vez que se ha abierto la puerta del pecado sexual en la relación de pareja, es muy difícil cerrarla sin llegar casi a terminar con la relación. Incluso después de terminar, muchas parejas se ven sólo para tener relaciones sexuales. No se pueden alejar. Las ataduras del alma son muy difíciles de romper porque ellos ya han pasado *a ser una sola carne.*[4] Dios diseñó el sexo para unir matrimonios para toda la vida y Él no quisiera ver a ninguno de sus hijos unido a la pareja equivocada.

Incluso cuando un hombre soltero tiene relaciones sexuales con alguna mujer, le está dejando una puerta abierta al diablo. Jesús dijo que el hombre que *mira a una mujer con malos deseos, ya cometió adulterio con ella en su corazón.*[5] Una vez que alguien ha hecho un acuerdo con el mal, la vocecilla le susurrará toda la noche. Si cede a la tentación, eso lo conducirá a cada vez peores vínculos con la actividad sexual. La única forma de detener el ciclo de destrucción es expulsar al diablo de la casa e invitar a Cristo a que regrese.

Puerta 2: Lesiones espirituales

Las lesiones espirituales son resquebrajaduras en las paredes del santuario interior del guerrero. Incluso las que están reprimidas, como no recibir nunca la visita, el amor o la aprobación de los padres, podrían producir grietas por las que se cuelan los demonios al interior emocional y espiritual del hombre bien intencionado. Los demonios tiene la habilidad de acceder a esas lesiones porque la falta de perdón viola la ley de Dios.

La 2ª carta a los Corintios 2,11 y la carta a los Efesios 4,27 identifican la falta de perdón como uno de los instrumentos de Satanás. El verdadero perdón es más que sólo dejar atrás el enojo y reprimir los sentimientos. El verdadero perdón es una función del corazón que sólo sucede cuando asumes por completo el dolor e invitas a Dios a que con su amor cure la situación dolorosa. El proceso de perdón únicamente se completa cuando el amor de Dios logra fluir tanto por el dolor interno como por las circunstancias externas que lo provocaron desde el principio.

Si no se presta atención al dolor y se intenta sanar, entonces el mal puede entrar en la herida en cualquier momento y puede infligir todo tipo de estragos. Por ejemplo, una mujer que ha experimentado la más profunda de las heridas, el abuso sexual, nunca podría volver a tener una relación sana con un hombre hasta que recorra el largo camino del perdón. El diablo podría conducirla a la promiscuidad sexual o a la frigidez. Podría odiar a los hombres por haber sido herida y ofendida de esta forma y con ello continuaría el ciclo de abuso.

Cuando un hombre ha tenido una pareja infiel, nunca va a poder amar a otra mujer igual. Sin pasar por el proceso del perdón, va a revivir esos sentimientos de desconfianza y traición cada vez que su mujer llegue quince minutos tarde. El mal puede poner siempre el dedo en la llaga de sus lesiones, porque él quisiera causar todo tipo de problemas en la relación. Si no se pasa por el proceso del perdón, no hay manera de evitar que la obscuridad extinga las luces de su santuario espiritual.

Puerta 3: Las adicciones

Casi todas las adicciones las traen los demonios que tienen el derecho de entrar en el alma de un hombre que tiene abierta cualquiera de las dos puertas anteriores: la del pecado inconfesado y la de las lesiones espirituales. Por ejemplo, la adicción al juego puede comenzar como entretenimiento, pero cuando se combina con la avaricia una actividad de búsqueda emocionante como ésta, fácilmente se convierte en una obsesión. Cuando un hombre ya ha perdido su matrimonio, el dinero que tenía para sus hijos, la casa de la familia…, él seguramente buscará dejar el vicio con desesperación, pero la influencia del demonio seguirá influyendo en su vida para que recaiga y vaya en busca de un nuevo periodo de "buena suerte" en el juego.

En esta situación hay sólo tres fuerzas activas: El jugador y su libre voluntad, Dios y la presencia oscura. Sabemos que la adicción no la manda Dios porque *Dios está a salvo de todo mal y tampoco manda pruebas a ninguno*.[6] Si el hombre quisiera dejar el juego y no pudiera, la única posibilidad que le queda es la que sea por influencia del demonio. Los demonios están agarrados al pecado inconfesado o a la avaricia del individuo y están influenciando su comportamiento.

La misma dinámica se aplica a la comida, el sexo, la droga y el alcohol. Si recaes frecuentemente y no puedes salir de la adicción, normalmente hay una tercera fuerza en juego, guiando tu comportamiento compulsivo. Por el contrario, si llenaran su santuario interior con la presencia de Dios, muchos de los que recaen tratarían de llenar su necesidad en lo más profundo de su alma con el confort y la nutrición de la comida espiritual.

La mejor forma para los que recaen de romper definitivamente con la adicción es expulsar a los demonios, cerrar las puertas bien selladas e invitar a la presencia de Cristo a habitar en sus corazones.

Puerta 4: Espiritualidades alternativas

Una de principales tácticas de los demonios es esconder su verdadera naturaleza para que no se note que son ángeles de luz engañosa. Por ejemplo, cuando Satanás se acercó a Adán y Eva en el Jardín, nunca dijo la verdad: "Hola, soy un ángel caído. Estoy aquí para herirte. Por favor, cómete esta fruta".

Satanás habla de acuerdo a su naturaleza y él es un mentiroso, el padre de toda mentira. Cuando se acercó a Eva, se disfrazó como *ángel de luz* y apareció en la forma de tentación seductora.[7] Satanás dijo: "Si comen del fruto, van a ser como dioses, conocerán el bien y el mal".

Como en toda buena trampa, el señuelo que usó con Eva parecía bueno y benéfico. Las palabras de Satanás contenían incluso elementos de verdad, pero una vez que la víctima abre la puerta de la trampa, la realidad escondida rápidamente consume a su presa.

El proceso de espiritualidades alternativas puede empezar con algo tan inocente como el horóscopo. Aparentemente parecen como entretenimiento y diversión, pero siempre hay una razón detrás de todas las acciones de los hombres. Si deseas leer el horóscopo no es sólo por leer un texto sino que estás buscando alguna idea que te indique el sentido de tu vida diaria. En vez de dirigirte a Dios, en la oración y el ayuno, para encontrar respuestas, te estás fijando en lo que una fuerza espiritual nebulosa te da para dirigirte y guiarte. Cuando un hombre invoca cualquier otra fuerza espiritual fuera de Dios, los demonios tienen todo el derecho de responder a su llamada.

La lectura de la mano, las cartas del tarot y las bolas de cristal funcionan del mismo modo. Algunos adivinos tienen un don auténtico para ver dentro de la esfera espiritual, pero en vez de llenarse con los dones del Espíritu Santo, hacen pactos con los demonios que les dan la habilidad de ver la vida de otras personas.

Cuando un hombre se acerca a un psíquico para que le lea el alma, los demonios asignados a ese hombre se comunican con los que el psíquico está usando. La lectura se vuelve especialmente peligrosa cuando surge la pregunta: "¿Te gustaría recibir favores o bendiciones desde la esfera espiritual?" Si dices que sí, les estás dando permiso a los demonios para entrar a tu alma.

Las prácticas espirituales del así llamado movimiento "New Age" (Nueva Era) son muy poderosas. Cuando un hombre practica canalización de espíritus o sueños, proyección espiritual, búsqueda de oráculos de la muerte, etcétera, entonces una presencia espiritual real va a estar presente para ayudarle, dándole poder para proyectar su conciencia y hacer algún viaje en la esfera espiritual, ofreciéndole en ocasiones alguna visión del futuro. Si realizas este tipo de prácticas estarás interactuando con el ángel de luz: un demonio disfrazado de algo bueno cuya única intención es la destrucción de tu alma. La Iglesia Católica condena todas estas prácticas:

Todas las formas de adivinación deben rechazarse: el recurso a Satán o a los demonios, la evocación de los muertos, y otras prácticas que equivocadamente se supone "desvelan" el porvenir. La consulta de horóscopos, la astrología, la quiromancia, la interpretación de presagios y de suertes, los fenómenos de visión, el recurso a "médiums" encierran una voluntad de poder sobre el tiempo, la historia y, finalmente, los hombres, a la vez que un deseo de granjearse la protección de poderes ocultos. Están en contradicción con el honor y el respeto, mezclados de temor amoroso, que debemos solamente a Dios.[8]

Puerta 5: Brujería

La mayoría de los brujos pertenecen a una secta ya existente donde hacen pactos de sangre con el demonio. Venden sus almas a Satanás a cambio de que les asignen demonios para sus hechizos. Muchos miembros ocultos también venden las almas de sus hijos y dedican su familia entera a Satanás.

Estas prácticas funcionan bajo las mismas leyes del bautismo de infantes. Si Dios permite a los padres de familia que le dediquen a sus hijos desde bebés, también permite que los bebés sean dedicados al reino de la oscuridad. Si un bebé puede recibir el don del Espíritu Santo en el bautismo, también podría recibir una maldición cuando lo ofrecen a Satanás.

Cuando una bruja lanza un hechizo, los demonios son enviados para que el hechizo se lleve a cabo. Las maldiciones funcionan de la misma manera, excepto que éstas están respaldadas por malas intenciones. Después de que una secta se forma una imagen concreta de la víctima, las brujas invocan sus poderes diabólicos y los refuerzan proyectando su enojo en la esfera espiritual.

Puerta 6: Apego y dependencia insanos

Un buen ejemplo del apego del alma viene en 1 Samuel 18,1: *Cuando David terminó de hablar, el corazón de Jonatán sintió afecto por David, y desde ese día, Jonatán amó a David tanto como a sí mismo.* Algo similar sucede entre un hombre y su esposa, que son una sola carne. Cuando la presencia del mal ataca al hombre, la esposa también lo resiente a través de los vínculos espirituales que se establecieron entre ellos y que los mantienen apegados el uno al otro. Dios diseñó así el vínculo matrimonial para que la pareja se ayude mutuamente en los tiempos difíciles.

Una dependencia peligrosa puede surgir cuando el alma de un hombre se apega a una relación insana. Un buen ejemplo de esto es el pecado de la fornicación. Si tuvieras relaciones sexuales con alguien fuera de tu matrimonio aprobado por Dios, una parte de tu alma formaría parte de esa persona. Algo así como las puertas que comunican las habitaciones en los hoteles, en este caso los demonios van a usar tu nuevo vínculo para ir de un individuo al otro constantemente. Por eso el pecado de fornicación es tan dañino. *Cualquier otro pecado que alguien cometa queda fuera de su cuerpo, pero el que tiene esas relaciones sexuales peca contra su propio cuerpo.*[9]

El Señor no quiere que sus hijos *se emparejen con los que rechazan la fe: ¿podrían unirse la justicia y la maldad? ¿Podrían convivir la luz y las tinieblas? ¿Podría haber armonía entre Cristo y Satanás? ¿Qué unión puede haber entre el que cree y el que ya no cree? Por eso, salgan de en medio de ellos y apártense, dice el Señor. No toquen nada impuro y yo los miraré con agrado.*[10]

También es posible apegarse a situaciones u objetos. Cualquier cosa que prepares en el altar de tu corazón puede convertirse en un falso dios. Todo lo que uses para alimentar tu vanidad o incrementar tu autoestima, sea un *Corvette*, una lista de contactos, trofeos de basquetbol, etcétera, pueden convertirse en un falso dios y en una puerta de entrada para que el diablo viole tu santuario interior.

Puerta 7: Pasividad

Cuando nadie habita en la casa de un guerrero espiritual puede haber cientos de invasores que la habitarán siempre que se encuentre ausente. Pasividad es como irse de vacaciones y dejar las ventanas abiertas. Cuando un hombre deja que su espíritu divague o no dedica tiempo a alabar al Señor en espíritu y en verdad, entonces hay muchas fuerzas del mal que trabajan en el mundo que le llamarán y guiarán su atención.

Hay muchas otras puertas que usa el demonio, como pueden ser los votos. Por ejemplo, cuando alguien dice: "Jamás me voy a volver a enamorar de una mujer", está haciendo una especie de voto en el ámbito espiritual.

Los demonios pueden entrar en esa herida espiritual y tratar de que aquel hombre cumpla su palabra.

Otra puerta que el diablo usa es la decepción. Satanás es un mentiroso. Una creencia falsa puede tirar por la borda tu relación con Dios y convertirla en pura complacencia. Las mentiras causan división en una Iglesia, destruyen matrimonios y anulan amistades. La decepción es seductiva y cautiva con ideas que el demonio puede usar para engañarte a que abras tu casa espiritual a extraños.

Fueron las mentiras las que causaron que el hombre poderoso y su esposa invitaran a los ladrones y rateros a su castillo. Una vez que el hombre poderoso identificó la falla en su sistema de seguridad, entonces tuvo que luchar con la verdad... y la verdad lo liberó. Cuando logró que todos los ladrones recibieran su condena, entonces cerró todas las puertas con llave y candado.

Exactamente al día siguiente el hombre poderoso comenzó a comprar terrenos en la parte más corrupta de la ciudad y después de adquirirlos construyó cuatro torres de piedra, una en cada esquina, cerró el perímetro con bardas de piedra y puso letreros de "Propiedad privada, no pasar" alrededor de toda la propiedad.

Una vez que la barda protectora estaba bien firme, echó a los habitantes malvados, contrató empleados buenos y plantó cultivos para que la gente del pueblo pudiera comer. En poco tiempo había adquirido todas las tierras colindantes con su precioso palacio. Todos los habitantes malvados se habían ido de su territorio o se sujetaron a las condiciones de rectitud impuestas por el hombre poderoso.

Tomó control de su reino gracias al poder de la autoridad.

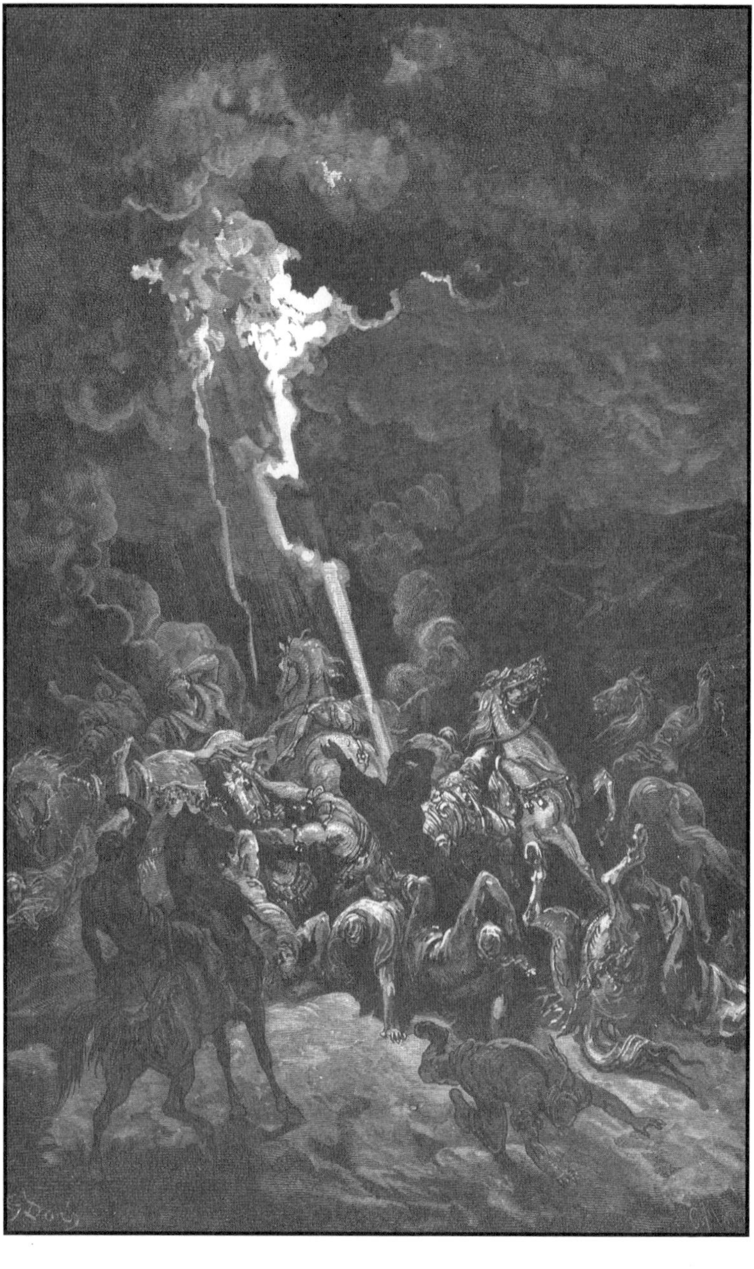

1

CAPÍTULO CINCO

ADQUIRIENDO AUTORIDAD

Dios se pasó cuarenta años ayudando a los israelitas a cerrar todas las puertas que tenían abiertas en sus campos. En Éxodo 32, se ve cómo los ayudó a cerrar la puerta de la idolatría cuando ellos se hicieron un dios de un becerro de oro. En Números 14, los ayudó a cerrar la puerta de la rebelión cuando los espías se trajeron un informe negativo. En Números 25, los ayudó a cerrar la puerta de la degradación sexual cuando un hombre israelita tuvo relaciones con una mujer moabita en frente de toda la gente.

Después de organizar su sacerdocio, introducir las leyes de santidad y establecer un santuario interior puro, los israelitas estaban listos para adquirir los mismos principios de santidad y establecer su reino por toda la tierra de Caná.

Después de la muerte de Moisés, Dios le dijo a Josué: *"Moisés, mi servidor, ha muerto. Tú, ahora, atraviesa junto con todo el pueblo el Jordán y pasa a la tierra que daré a los israelitas. Como se lo dije a Moisés, les daré cualquier lugar que pise tu pie. ¡Sé valiente y ten ánimo! Trata de observar en todos sus puntos la ley que te dio mi servidor Moisés. No te apartes ni a la derecha ni a la izquierda, y tendrás éxito por donde vayas. Esta es mi orden: Sé valiente y ten ánimo; no tiembles ni tengas miedo; Yavé tu Dios está contigo adonde quiera que tú vayas".*[2]

Dios envió a los israelitas a tomar posesión de la tierra. De todo lugar que pisara la planta de sus pies sería expulsado el mal. La tierra le pertenecía al Señor y, cuando Él les transfirió esa autoridad a sus hijos, los israelitas se convirtieron en los dueños oficiales.

Después de eso, 40,000 soldados cruzaron el Jordán y pisaron la tierra prometida. Josué vio a un hombre de pie ante él con una espada desenvainada en la mano. Josué se acercó y le dijo: *"¿Estás en favor nuestro o de nuestros enemigos?"*.[3]

Y él respondió: *"Soy el jefe del ejército de Yavé, y acabo de llegar".*[4]

Josué se postró en tierra, lo adoró y dijo: *"¿Qué dice mi Señor a su servidor?".*[5]

El jefe del ejército de Yavé le dijo: *"¡Mira! Pongo a Jericó en tus manos con su rey y sus mejores soldados. Ustedes los hombres de guerra van a dar una vuelta completa a la ciudad y harán lo mismo cada día durante seis días. Siete sacerdotes llevarán las siete trompetas de los jubileos delante del Arca.*

El séptimo día darán siete vueltas a la ciudad, luego los sacerdotes tocarán la trompeta. Cuando el sonido del cuerno de carnero se prolongue, todo el mundo lanzará el grito de guerra. Entonces se derrumbará la muralla de la ciudad y todo el pueblo se lanzará al asalto, cada uno por el lugar que tenga al frente".[6]

Durante seis días los israelitas marcharon alrededor de la ciudad. Todos estaban en silencio. El séptimo día, los soldados de Dios marcharon alrededor de la ciudad seguidos por las trompetas, el Arca de la Alianza y los guardias. La gente gritó con estruendo cuanto escuchó el sonar de las trompetas.

En el ámbito espiritual, había otro ejército listo para la guerra: los ángeles de Dios. Ellos sobrevolaban la ciudad de Jericó con espadas de fuego en sus manos. Durante la séptima marcha entorno a la ciudad, cuando la gente gritó con estruendo, los ángeles guerreros derrumbaron las murallas de la ciudad de Jericó con las puntas de sus espadas de fuego. El ejército israelita avanzó y venció la batalla.

Cuando Satanás supo que Dios había detenido un ejército de 40,000 hombres que habrían de conseguir esa tierra para el maligno, tuvo que encontrar otra puerta abierta para poder entrar. Inmediatamente envió algunos de sus demonios diciéndoles: "Encuentren los puntos débiles y presionen hasta que uno de ellos reviente".

"Lo hemos intentado todo. Son invencibles", dijo uno de los demonios.

"¿Quién te preguntó tu opinión?", dijo Satanás mientras quitaba ese demonio de su camino. "No me importa lo que tengan que hacer, ¡presiónenlos más y háganlos pecar!".

Mientras tanto los israelitas se estaban preparando para su siguiente batalla contra el reino de Aí, una pequeña ciudad cerca de Betave. Cuando los israelitas atacaron la ciudad los hombres de Aí tenían preparada una emboscada que mató treinta y seis soldados israelitas.

Después de escuchar el informe de guerra los israelitas se descorazonaron. Todos los ancianos de Israel cubrieron sus cabezas con polvo y ceniza. Josué se quitó su túnica y se postró en tierra delante del Arca del Señor y dijo: *"¡Ay! ¡Señor Yavé! ¿Para qué hiciste que este pueblo atravesara el Jordán? ¿Fue acaso para entregarnos en manos de los amoreos y hacernos morir?".*[7]

El Señor le dijo a Josué: *"¡Levántate! ¿Por qué estás ahí tirado con el rostro en tierra? Israel pecó, fue infiel a la Alianza que le prescribí. Tomaron objetos prohibidos por el anatema, los robaron, mintieron y los escondieron en el equipaje. Los israelitas no opondrán más resistencia a sus enemigos, darán vuelta la espalda frente a sus adversarios, porque se volvieron anatemas. Ya no estaré más con ellos mientras no quiten el anatema de entre ustedes".*[8]

A la mañana siguiente Josué se levantó temprano e hizo que todas las tribus desfilarán delante de él. Estaba buscando la puerta abierta que el maligno había usado para que se colara todo el ejército. Después de identificar el problema en la tribu de Judá, hizo que todos los demás clanes y familias desfilaran delante de él hasta que la búsqueda se redujo a un solo hombre llamado Acán.

Entonces Josué dijo a Acán: *"¡Di la verdad delante de Yavé, el Dios de Israel, hijo mío! ¡Ríndele homenaje! Dime lo que hiciste y no me ocultes nada".*[9]

Acán respondió: *"Es cierto, pequé contra Yavé, el Dios de Israel, y esto fue lo que hice: En medio de los despojos vi un hermoso manto de Chinear, doscientas piezas de plata y un lingote de oro que pesaba cincuenta siclos. Cedí a la tentación y los tomé. Están ocultos en el suelo, en el centro de mi tienda y la plata está debajo".*[10]

Una vez que los israelitas identificaron la puerta abierta del pecado y la cerraron bien sellada, entonces pudieron proseguir con el plan de Dios. Marcharon a la batalla y derrotaron al reino de Aí. Después de asumir la autoridad de Dios, con la ayuda de los ángeles guerreros, tomaron posesión de toda la tierra que tocaba la planta de sus pies.

El mismo concepto se aplica a la Nueva Alianza. Como a los israelitas se les dio el poder de expulsar a sus enemigos, así a todos los guerreros espirituales se les ha dado autoridad para expulsar todas las formas del mal que violen sus santuarios interiores. Cuando un intruso entra como un ladrón en la noche, todo lo que el guerrero necesita hacer es encender las luces y ordenar al intruso que se vaya.

A todos los discípulos de Cristo se les ha dado la autoridad de Jesús. *Miren que les he dado autoridad para pisotear serpientes y escorpiones y poder sobre toda fuerza enemiga.*[11] Lo único que necesitas hacer es dirigirte a la presencia maligna y hablarle con estas palabras: "¡Te conjuro Satanás, con el poder y la autoridad del Señor Jesucristo resucitado y te ordeno que regreses al abismo y no vuelvas nunca más!".

Si el intruso maligno no se va, eso significa que te está declarando la guerra. Necesitarás tu espíritu bien afilado y listo para ir a la batalla. De la misma forma que los israelitas tocaron un cuerno de borrego alrededor de las murallas de Jericó, yo personalmente siempre comienzo mi batalla cantando una canción de alabanza al Señor. Los demonios odian que se le dé gloria y alabanza a Dios.

Enseguida, busco una puerta abierta. Realizo una revisión interna para averiguar cómo accedió el mal a mi santuario interior. Me pregunto cómo llegué a pecar. ¿Hubo algo hoy que me removió una lesión espiritual? ¿Estoy cayendo en la pasividad en mi relación con Dios? Muchas veces las respuestas no vienen fácilmente. Los demonios no quieren que descubra las puertas que están usando y hacen todo lo que pueden para debilitar mis esfuerzos.

De la misma forma que Josué hizo que todas las tribus desfilaran delante de él hasta descubrir dónde estaba la debilidad, a mí muchas veces me ha sido necesario pasar largo tiempo en la capilla de la adoración hasta que Dios me muestra el problema. Otras veces necesito salir al campo para experimentar, al menos por unas horas, el gozo de contemplar la naturaleza. Hubo una vez en que mi espíritu simplemente me orientó para que adquiriera autoridad en mi casa espiritual: "¡Te lo ordeno Satanás! ¡Sal de mi casa ahora mismo!". No son las palabras las que tienen poder sino la fuerza de la autoridad detrás de las palabras.

Si por alguna razón los demonios rehúsan a salir, invoco a la corte celestial para que ellos los destruyan. Del mismo modo en que los israelitas estaban rodeados por ángeles en carros de fuego, de la misma manera todo cristiano está rodeado de los santos ángeles guerreros de Dios.

Parece como si en la esfera espiritual todo sucediera igual que cuando Eliseo y su siervo se encontraron rodeados de tropas enemigas. El siervo de Eliseo se asustó mucho y dijo: *"¡Ay, señor mío! ¿Qué vamos a hacer?"*.[12]

Eliseo le respondió: *"No temas, porque los que están con nosotros son más numerosos que los que están con ellos". Eliseo se puso a orar: "Yavé, abre sus ojos para que vea". Y Yavé abrió los ojos del joven, quien vio la montaña cubierta de caballos y carros de fuego que rodeaban a Eliseo.*[13]

Todos los cristianos están rodeados de sus ángeles

guardianes y todo guerrero tiene el derecho a clamar al cielo para que lo ayuden. De la misma forma que el hombre poderoso llamó a las autoridades para que arrestaran a los ladrones, lo que el guerrero tiene que hacer es decir: "¡Señor Jesús, por favor manda a los ángeles guerreros a destruir toda influencia diabólica que esté interfiriendo conmigo!".

La Biblia dice que todos los ángeles son espíritus de servicio *y reciben una misión para bien de los que recibirán la salvación.*[14] Los ángeles son siervos que vigilan a los hijos de Dios día y noche. El *Catecismo de la Iglesia Católica* dice*: Desde la infancia a la muerte, la vida humana está rodeada de su custodia y de su intercesión. "Cada fiel tiene a su lado un ángel como protector y pastor para conducirlo a la vida". Con todo su ser, los ángeles son servidores y mensajeros de Dios. Porque contemplan "constantemente el rostro de mi Padre que está en los cielos", son "agentes de sus órdenes, atentos a la voz de su palabra".*[15]

En dos ocasiones Dios me permitió ver mi ángel de la guarda. No pude ver ni su rostro ni mucho menos sus hombros. Se elevaba sobre mí como un magnífico rascacielos. Sentí como si estuviera delante de un edificio tan alto que la punta llegaba hasta las nubes. En esos momentos supe que nada que estuviera fuera de la voluntad de Dios podría dañarme.

Cuando un demonio viola mi santuario interior y no obedece mis órdenes, lo único que hago es juzgarlo de desobediente y condenarlo a muerte. 1 Corintios 6,3 dice: *¿No saben que juzgaremos a los ángeles? ¿Y por qué no, entonces, los problemas de cada día?* Si los guerreros van a juzgar a los ángeles buenos, la misma ley espiritual se aplica para los ángeles caídos.

Con el poder y la autoridad que Dios me ha dado

para mantener limpio mi santuario espiritual, les digo a los demonios: "Este es mi círculo de influencia. No se permite la entrada de extraños. Les he dado una orden. Como no me obedecieron, los juzgo desobedientes y los sentencio a la destrucción y al lago de fuego".

Después le pido a Jesús, el Comandante del ejército del Señor, que me envíe un pelotón de ángeles guerreros a destruir todos los demonios que han desobedecido mis órdenes y a arrojar sus despojos al lago de fuego.

Como hijo de Dios es mi responsabilidad transmitir los juicios de mi Padre. Dios ya ha sentenciado a muerte a todos los demonios. El Apocalipsis dice que les *queda poco tiempo* y que sin lugar a dusas están en el *lago de fuego y azufre*.[16] Si sólo saco de mi círculo de influencia a los demonios, entonces ellos van a rondarme alrededor para esperar otra oportunidad para golpearme, o peor aún, podrían atacar mi ministerio, a los miembros de mi familia o a mis vecinos. Cuando rezo por que los demonios se destruyan, estoy limpiando la casa. No sería correcto que sacara mi basura y la pusiera en el jardín del vecino. La basura necesita ponerse en el vertedero de basura o, en este caso, en el lago de fuego.

Una vez que el guerrero aprende cómo adquirir autoridad sobre su santuario interior, está listo para usar los mismos principios para incrementar su círculo de influencia. Así como los israelitas fueron enviados para ejercer su autoridad en todo territorio que pisara la planta de sus pies, así aprendí a adquirir autoridad sobre la casa de mi vecino después de haber comprado una casa en ruinas al noroeste de Denver.

Antes de comprar la casa, esta estuvo vacía durante muchos años. Todas las ventanas estaban rotas y cubiertas con hojas de madera. El techo goteaba, los pisos de madera estaban ondulados por el agua y una pandilla había roto la puerta trasera. Habían pintado todas las paredes de grafiti y usaban la casa para drogarse.

Comencé a remodelarla por fuera. Cambié los cristales rotos y comencé a poner una valla blanca en el jardín de enfrente. Pocos días después cuatro pandilleros se me enfrentaron. Estaba trabajando afuera cuando dos de ellos se me acercaron por detrás, mientras los otros dos se pararon a unos centímetros enfrente de mi cara.

"¿Qué haces aquí?", me preguntó uno de ellos.

"Poniendo una valla. También pienso poner un garaje y plantar pasto en el jardín de enfrente. ¿No crees que quedará muy bonito?", le dije.

"¿Para qué? ¿Por qué estás haciendo esto?".

"Estoy reparando la casa para que mi hermosa familia venga a vivir aquí. Quizá cuando termine, tu familia podría vivir aquí".

"¿Entonces tú eres el dueño?", dijo.

"Sí, y eso nos convierte en vecinos. Me da gusto conocerte. ¿Cómo te llamas?"

"Soy *Viper*, el 'víbora'", dijo.

Le extendí la mano para saludarlo, pero él y los demás se alejaron. Inmediatamente me di cuenta de que una batalla espiritual se acababa de llevar a cabo. No fue una pelea física donde te das de golpes, sacas los cuchillos y disparas pistolas. Se llevó a cabo usando la fuerza de la autoridad.

Los pandilleros trataron de intimidarme para ver si yo me echaba para atrás o mostraba signos de debilidad, pero no les funcionó. Me mantuve en mi territorio y no dejé de mirarles a los ojos. Mi espíritu asumió el poder y la autoridad que da ser el propietario. Usando un lenguaje que trasciende las palabras dije: "¡Esta es mi casa! ¡Voy a luchar para proteger mi propiedad! ¡No me vas a intimidar! ¡Nunca me echaré para atrás!".

Cuando regresé al siguiente día, una de las ventanas estaba rota. Simplemente ignoré el problema en el campo físico y continué mi lucha en la esfera espiritual. Le pedí al Señor que enviara sus ángeles a proteger mi propiedad y que el Espíritu Santo condenara al hombre que arrojó la piedra. Le pedí al Espíritu Santo que le enviara a aquel hombre una ardiente ansia de convicción para que se convirtiera al buen camino para la salvación de su alma.

Después de rezar por esta intención dos semanas, reparé la ventana rota y nunca volví a tener problemas con pandillas callejeras. Mis esfuerzos de remodelación continuaron con tranquilidad hasta que me di cuenta de la necesidad de incrementar mi círculo de influencia.

La casa de mi vecino se encontraba en pésimas condiciones. Parecía que no la habían pintado en veinte años. La pintura blanca y aqua se estaba levantando en el lado sur de la casa y ya se veía la madera podrida debajo. Mi preocupación era que las malas condiciones de la casa de mi vecino me podrían dificultar la venta de mi casa. Por tanto, un día toqué la puerta y le dije: "Hola, soy su vecino. ¿Cómo se llama?".

"Soy George. Gusto en conocerlo".

"La próxima semana voy a pintar mi casa. Voy a traer la compresora y los rodillos y pensaba que podría usarlos también en su casa. ¿Qué le parece si lo hago por sólo $700?".

"Sé que la casa lo necesita, pero no tengo dinero para eso ahora".

"Por $700 no se la va a pintar nadie, por este tamaño de casa se puede esperar presupuestos de $2,000 para arriba".

"Lo siento de verdad, pero no tengo dinero, ya sabe... las escuelas y todo lo demás".

Después de una larga conversación, caminé frustrado hacia mi casa. Su casa se veía terrible y eso me iba a dificultar la venta de mi propiedad. El hecho de que no podía hacer nada por mejorar la degeneración a mi alrededor me hizo sentirme indefenso, sin poder.

Algunos días después regresé a ofrecerle pintar su casa por $400, pero él insistía en que no tenía dinero. Entonces me arreglé con él en que le pintaría la casa gratis. George nada más tenía que raspar la pintura vieja y yo haría el resto.

Una semana después fui otra vez a la casa de George y le pregunté por qué no había raspado la pintura vieja. Entonces me dijo: "Intenté lijar pero es un trabajo muy duro. Mejor simplemente pintemos por encima de la pintura vieja".

Le di a mi ayudante una escobilla para que raspara los trozos de pintura que ya estaba levantada, mientras yo cubrí las ventas. Después de cinco horas, pintamos todo de color crema claro. George estaba feliz. Su casa se veía mil veces mejor. Más tarde me di cuenta de que la misma dinámica se aplica en el ámbito espiritual.

Una vez que el guerrero renueva su propia casa espiritual, tiene que acrecentar su círculo de influencia a las áreas de alrededor. Tal como lo hizo el hombre poderoso que marcó su territorio colocando cuatro torres de piedra en cada esquina; yo aumenté el perímetro de protección colocándole cuatro piedras también. Ungí con aceite las piedras y las coloqué en cada rincón de mi jardín. Donde quiera que vaya, tomo las piedras y le pido a Dios que construya un toldo de protección entorno a mí.

En la esfera espiritual el toldo parece como un techo a prueba de balas. Lo establezco con los principios de mi fe y le pido al Señor que lave con su preciosa sangre todo lo que está dentro de mi toldo. Invito también al Espíritu Santo a habitar conmigo en mi toldo espiritual y le pido a Dios que asigne ángeles guerreros para vigilar y protegerme día y noche. Rezo para que los ángeles reciban órdenes de destruir todo lo malo o diabólico que penetre el perímetro externo.

Cuando ya está construido el toldo protector alrededor de mi propiedad, lo mantengo diariamente en buen estado. Así como Satanás tentó a Acán para que abriera la puerta llevándose objetos robados al campamento israelita, así la presencia de la obscuridad está siempre tratando de violar mi espacio. Tengo que aplicar constantemente filtros de seguridad y pedirle a Dios que tape todas las brechas que surjan.

Distinto de lo que hizo el hombre poderoso, yo nunca invito a ladrones y rateros a mi casa a no ser que sea por un expreso propósito de mi ministerio. Si alguien está buscando dirección espiritual o un consejo, y se somete a mi autoridad, entonces la autoridad de Dios que habita en mi casa lo cubrirá también a él. Si esa persona empieza a actuar de manera pecaminosa dentro de mi casa, burlándose de Dios y tomando su nombre en vano, si yo guardo silencio, de alguna manera, estoy consintiendo lo que está haciendo.

Si consiento lo que la persona está haciendo y no uso mi autoridad para evitar el pecado que yo mismo traje a mi casa, entonces me habrán desbaratado mi barrera de protección externa. Si en vez de eso le llamo la atención al hombre y le digo: "¡Bendito sea el nombre del Señor! Tú no vas a tomar el nombre de Dios en vano en mi casa", entonces mi toldo espiritual se mantendrá intacto.

Una vez que mi santuario interior está brillando con la presencia del Espíritu Santo y que el perímetro de mi propiedad está bien asegurado, entonces uso los mismos principios espirituales para que mi ministerio progrese. Dondequiera que predico un sermón o dirijo un seminario, pido a Dios que coloque el mismo toldo de protección en el edificio en el que estoy hablando.

Como los israelitas, adquiero autoridad sobre todo lugar que pisen las plantas de mis pies. Expulso toda influencia del demonio y le pido al Señor que limpie el espacio interior con su sangre. Le pido que asigne ángeles guerreros para que protejan la entrada del edificio y para que aten toda influencia diabólica que pudieran tener los asistentes a mi seminario dentro, sobre o alrededor de ellos.

Sin este toldo protector, la mayor parte de mi audiencia no sería capaz de recibir el mensaje del Evangelio porque *el dios de este mundo los ha vuelto ciegos de entendimiento y no ven el resplandor del Evangelio glorioso de Cristo, que es imagen de Dios.*[17] Sin un toldo protector, sin un ejército de ángeles atando a los demonios y sin el poder del Espíritu Santo abriendo los corazones de los hombres, la mayoría de las audiencias no serían capaces de ver la luz del mensaje evangélico.

Cuando trabajo en la construcción, adquiero autoridad sobre todo lugar que pisan las plantas de mis botas de obrero. Me arrodillo en la mañana junto con los demás trabajadores y pido la protección de los ángeles. Invito a Jesús, el carpintero, a que trabaje a mi lado y a que me unja con el poder del Espíritu Santo. Uso mi autoridad para resolver la situación e invoco la presencia de la corte celestial sobre cualquier mal que interfiera con el trabajo de mis manos.

De la misma forma, todo guerrero tiene que adquirir autoridad sobre todo lugar que pisan las plantas de sus pies. Dios ha llamado a cada cristiano a ser sacerdote, profeta y rey. El Catecismo dice: *"Pero también los laicos, partícipes de la función sacerdotal, profética y real de Cristo, cumplen en la Iglesia y en el mundo la parte que les corresponde en la misión de todo el Pueblo de Dios. Todo el Pueblo de Dios participa de estas tres funciones de Cristo y tiene las responsabilidades de misión y de servicio que se derivan de ellas".*[18]

El sacerdote es la persona que invoca el poder de Dios. Los sacerdotes invitan la presencia de Dios en la Eucaristía. Fortalecen a la asamblea predicando la palabra de Dios e invocan al Espíritu Santo para que generen un nacimiento nuevo en el Bautismo. De la misma forma, todos los católicos están llamados a traer la presencia y el poder de Dios a sus círculos de influencia.

Un profeta es un hombre que habla con la Palabra de Dios y que entrega un mensaje de Dios. Los profetas tienen el poder de influenciar a otros hombres para que tomen decisiones a favor de Cristo. Dicen palabras de verdad y dirigen a otros hombres hacia una buena relación con Dios. Los profetas tienen el poder de hacer milagros y de realizar señales admirables para traer la luz de Dios a un mundo de oscuridad.

Un rey es un hombre que gobierna sobre su reino. Como hijos de Dios nosotros somos herederos del trono de Dios. Cuando heredemos el reino de Dios como hijos e hijas adoptivos, el reino de Dios será nuestro reino. A todo católico se le ha dado el tiempo, los talentos, el poder, la autoridad y la responsabilidad de hacer que el reino de Dios avance aquí en la Tierra.

Dios ha dado a sus hijos domino sobre toda la creación. Quiere que cada guerrero adquiera autoridad sobre todo lugar que pise la planta de sus pies. Ha llamado a todo católico a ser sacerdote, profeta y rey. Quiere que sus hijos hagan retroceder las líneas enemigas, que usen el poder del ejército de los ángeles, que derroten todo lo que tenga que ver con los demonios y que purguen su reino de todo mal. ¡Él ha llamado a todos y cada uno de los guerreros a la batalla!

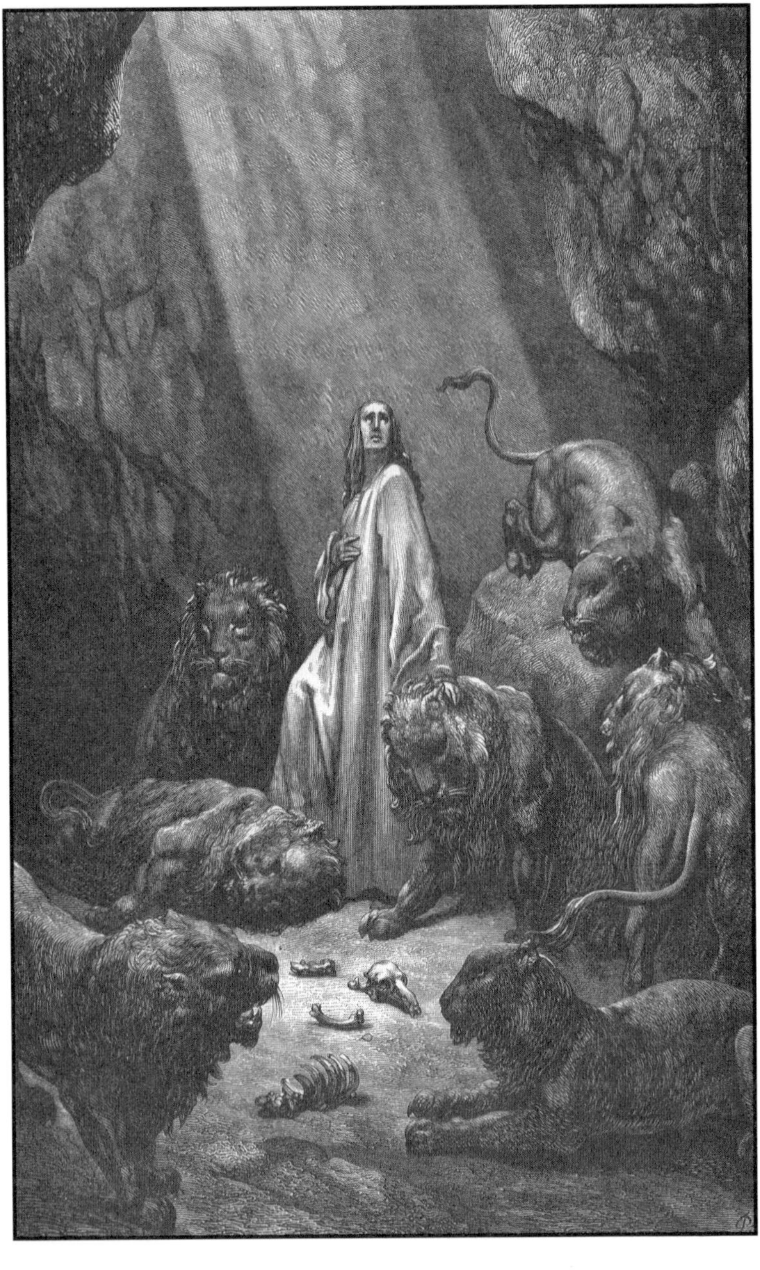

CAPÍTULO SEIS

LA ARMADURA DE DIOS

Numerosos barcos militares se acercaban a la costa cerca de la playa Omaha en Normandía. Los barcos estaban llenos de soldados americanos equipados y listos para la guerra. Cuando el capitán del barco abrió las puertas de acero para que los soldados desembarcaran, desde tierra, una ametralladora de calibre 50 abrió fuego y miles de balas atravesaron las formaciones de las tropas aniquilando a todos los soldados que se interpusieran en su camino. Sólo algunos hombres sobrevivieron saltando por el otro lado a las turbias y ensangrentadas aguas del mar.

El sistema de sonido del cine hizo que las escenas de *Salven al soldado Ryan* fueran más reales. Había explosiones, partes de cuerpos humanos esparcidas por la playa y soldados heridos tratando de cubrirse con los cuerpos de sus compañeros caídos.

Mientras veía la masacre mi enojo iba creciendo, especialmente porque las tropas enemigas estaban despedazando a jóvenes inocentes, muchos de los cuales no tenían ni siquiera la edad para enrolarse en el ejército. Esto además me recordó la lucha que todos los días sucede en el ámbito espiritual. Todo el día el enemigo

EL GUERRERO CATÓLICO

a su ametralladora calibre 50 lanzando feroces dardos. Los demonios aniquilan a miles de cristianos todos los días y muchos de ellos no saben nada acerca de la armadura de Dios.

Por lo demás, fortalézcanse en el Señor con su energía y su fuerza. Lleven con ustedes todas las armas de Dios para que puedan resistir las maniobras del diablo. Pues no nos estamos enfrentando a fuerzas humanas, sino a los poderes y autoridades que dirigen este mundo y sus fuerzas oscuras, los espíritus y fuerzas malas del mundo de arriba.

Por eso pónganse la armadura de Dios, para que en el día malo puedan resistir y mantenerse en la fila valiéndose de todas sus armas. Tomen la verdad como cinturón y la justicia como coraza; estén bien calzados, listos para propagar el Evangelio de la paz. Tengan siempre en la mano el escudo de la fe, y así podrán atajar las flechas incendiarias del demonio. Por último, usen el casco de la salvación y la espada del Espíritu, o sea, la Palabra de Dios.[2]

Ahora imagínate la misma escena de combate, pero esta vez imagínate a los soldados vestidos con la armadura de Dios. Parecerían caballeros con su armadura reluciente. El acero plateado y pulido de sus armaduras brilla con el poder y la presencia de Dios. Las balas calibre 50 de la ametralladora rebotan en ellos como dardos de goma golpeando en una pared de concreto. Después de que los soldados desembarcan en la orilla, echan un vistazo alrededor de la playa, el líder del grupo dice una palabra e instantáneamente la siguiente bala se atasca en el cargador de la ametralladora. La siguiente ronda explota y con eso queda eliminada la amenaza.

Antes de que un guerrero sea capaz de pelear contra las artimañas del demonio, necesita ponerse la armadura de Dios. Necesitará mantener cargada y lista su fortaleza espiritual todo el tiempo. Asimismo, necesitará llenarse con el poder y la presencia de Dios. Se requiere de mucha fortaleza para detener las balas en el aire. Sin contar con las fortalezas espirituales disponibles en las siguientes fuentes, un guerrero no tendrá la fortaleza para hacer frente a las artimañas del demonio o derribar las paredes de los bastiones del demonio.

La coraza de la rectitud

La mejor defensa contra la susurrante voz de la tentación que lleva a los hombres por el mal camino es el examen diario de conciencia y el sacramento de la confesión. Cada vez que un guerrero se confiesa, incluso de los pecados más pequeños, recibe gracias y poder de Dios que le añaden centímetros al grosor del acero plateado de su armadura.

Desafortunadamente, muy pocos católicos se confiesan en nuestros días. De aproximadamente 3,000 familias que asisten a la parroquia cercana a mi casa, sólo unas quince personas en promedio reciben el sacramento de la reconciliación el sábado en la tarde. Así sucede en todos los Estados Unidos. Los católicos han caído en la misma teología que lleva a muchos protestantes por el mal camino: "¿Por qué tendría que confesarle mis pecados a un sacerdote si puedo acudir directamente a Dios?".

Los judíos le dijeron lo mismo a Jesús: *"¿Cómo puede decir eso? Realmente se burla de Dios. ¿Quién puede perdonar pecados, fuera de Dios?"*.[3]

Como respuesta Jesús les dijo: *"¿Por qué piensan así? ¿Qué es más fácil decir a este paralítico: Se te perdonan tus pecados, o decir: Levántate, toma tu camilla y anda? Pues ahora ustedes sabrán que el Hijo del Hombre tiene en*

:rra poder para perdonar pecados". Y dijo al paralítico: ,ántate, toma tu camilla y vete a tu casa". El hombre se levantó, y ante los ojos de toda la gente, cargó con su camilla y se fue.[4]

El poder de perdonar los pecados ha pasado de Dios Padre a Jesús. La cuestión es, ¿a dónde se transfirió el poder de Jesús?

Cuando Jesús se apareció a sus discípulos después de su resurrección dijo: "Como el Padre me envió a mí, así los envío yo también". Dicho esto, sopló sobre ellos y les dijo: "Reciban el Espíritu Santo: a quienes descarguen de sus pecados, serán liberados, y a quienes se los retengan, les serán retenidos".[5]

El poder de perdonar los pecados de los hombres ha pasado de Jesús a los apóstoles. Los apóstoles lo pasaron a sus sucesores a través de *la imposición de manos.*[6] Esto comenzó con Pedro, el líder de los apóstoles y primer obispo de Roma, y desde entonces ha continuado con una sucesión ininterrumpida de Papas, hasta nuestros días. El poder ha pasado a través de cada obispo a todos los sacerdotes mediante la imposición de manos durante más de 2.000 años.

La confesión no es una práctica pasada de moda; es el sistema que Dios estableció para el perdón de los pecados. Si quieres ser perdonado, necesitas hacer un acto de contrición sincero y participar en los sacramentos que Dios ha ordenado. En la confesión, el penitente recibe las gracias necesarias para cerrarle la puerta al mal y mantener bien pulida la coraza de la rectitud con la pureza de Cristo mismo.

La comunión

Una de las formas más poderosas con las que un guerrero puede fortalecer su armadura es recibiendo cada día la divina presencia de Dios en la Comunión. Jesús dice: *"En verdad les digo que si no comen la carne del Hijo del Hombre y no beben su sangre, no tienen vida en ustedes. El que come mi carne y bebe mi sangre permanece en mí y yo en él".*[7]

Hay una diferencia entre la comunión protestante y la comunión católica. La mayoría de las iglesias no denominacionales reparten la comunión una vez al mes. Para ellos es un recuerdo simbólico de la Última Cena. Los elementos no se distinguen del pan y del jugo que se vende en los supermercados.

La comunión católica es la presencia real de Cristo. Cuando el sacerdote recita la plegaria eucarística, y la Iglesia le pide al Padre que envíe al Espíritu Santo sobre el pan y el vino, entonces estos se convierten en el Cuerpo y la Sangre de Cristo. Por el poder del Espíritu Santo, el sacrificio de Cristo que se ofreció en la cruz se hace sacramentalmente presente ante nosotros en la Eucaristía.

La comunión es mi fuente más grande de fortaleza. Sin el alimento diario de la presencia de Dios no podría remover el pecado de mi vida o la unción necesaria para realizar mi ministerio.

Experimenté personalmente la fuerza de este sacramento después de pasar una semana en un yate en el lago Powell. Quería asistir a mi misa diaria, pero la iglesia más cercana estaba muy lejos y era imposible. Durante ese tiempo seguí rezando y no noté ninguna diferencia hasta que regresé a mi casa y recibí la comunión después de una semana. Cuando lo hice, la presencia de Dios inundó mi alma hasta hacerme llorar. Me sentí como el hijo pródigo cuando su padre corrió a recibirlo con los brazos abiertos. En ese momento descubrí que la Eucaristía era la fuente y la fortaleza que le da brillo a mi armadura espiritual.

La capilla de la adoración

El guerrero podría pasar horas en la capilla de la adoración en comunicación con el amante de su alma. Cada vez que voy a la iglesia y paso tiempo frente al tabernáculo salgo con la unción de Dios. Es gracias a estos momentos de silencio que Dios me habla. Cuando practico la oración contemplativa recibo instrucciones e ideas para aplicarlos a los eventos de mi vida diaria. A veces Dios me muestra sus propósitos y planes, en otras ocasiones me cura heridas emocionales todavía abiertas.

Hubo un tiempo en que escondía o ignoraba mis malos recuerdos, pero ahora que Dios me ha mostrado cómo esos recuerdos son puertas que el maligno usa para entrar a mi santuario interior, paso más tiempo trabajando en el perdón.

Cuando el Señor atrae mi atención sobre alguna experiencia negativa del pasado, lo que hago es o escribirle una carta amistosa a la persona que me ofendió o repaso en mi memoria el recuerdo y le pido a Dios que me guíe en cada momento para que yo explore mis sentimientos.

Uno de mis recuerdos comenzó en un supermercado grande, con interminables filas de repisas tan altas que llegaban al techo. El pequeño Robbie de mi infancia estaba solo y muy asustado. Las lágrimas se derramaban por el rostro del niño lleno de pánico mientras los adultos empujaban bruscamente sus carritos sin que ninguno pareciera notar lo que le pasaba al niño.

Cuando las imágenes adquirieron vida en mi imaginación pude entrar en la escena, me arrodillé delante del niño y le pregunté: "¿Qué pasa?".

"Yo... yo... quiero a mi mamá", dijo.

"Yo te ayudaré. Vamos a buscarla".

El niño estaba traumado y yo pude percibir las mismas emociones. Ahora las lágrimas nos escurrían a los dos.

En cuanto le dimos la vuelta a la esquina, el pequeño Robbie pudo ver a su madre. Ella estaba colocando una bolsa de mercancía en el carrito. Cuando corrimos a verla, Robbie sólo quería alguien que lo abrazara, pero a mi mamá parecía que eso no le importaba. El pequeño Robbie necesitaba el amor de su madre, pero todo lo que recuerdo es haber recibido un discurso por haberme alejado del primer lugar donde ella me dejó.

Invité a Jesús a la escena y, después de tomar al pequeño Robbie en mis brazos, hablé con mi madre: "¡Él estaba solo y asustado! ¿Acaso no te importa?". Tengo que aceptar que ella estaba agotada educando a cuatro hijos y se sentía emocionalmente seca. Estaba haciéndolo lo mejor que podía.

Jesús puso sus brazos alrededor de mi madre y entonces los ojos de mi madre se llenaron de lágrimas. Así, pudimos ayudar al pequeño Robbie y, más tarde, pude concluir mi propio proceso de perdón.

Con el tiempo, y viendo la escena más de cerca, me di cuenta de que esa era una de las puertas que el demonio había estado usando para llevarme a un comportamiento inapropiado con las mujeres durante muchos años. Los demonios se habían pegado al resentimiento y la falta de perdón que sentía contra mi madre. Cada vez que yo entraba en una reunión social, ellos removían la herida y me hacían sentir poco amado.

Tenía una necesidad de ser amado por mi madre y había estado tratando de llenar ese vacío con las mujeres con las que salía a divertirme al bar. Estaba yendo de una relación a otra en un camino sin final tratando de llenar un vacío que estaba en lo más profundo de mi alma.

Después de invitar al amor de Jesús a consolar mi dolor, fui capaz de perdonar a mi madre. La puerta que el maligno estaba usando para llevarme a un comportamiento inadecuado se estaba cerrando en ese momento. La presencia divina de Dios llenó el vacío de mi alma y arregló mi armadura rota.

El cinturón de la verdad

Una de las formas más rápidas en las que el maligno puede penetrar la armadura del guerrero es hacer que se crea una mentira. Una creencia falsa pude abrirle a un hombre un mundo de dolor. Por ejemplo, he oído a algunos católicos decir: "El cáncer es la cruz que me toca cargar. Es la voluntad de Dios que yo sufra. Dios me debe estar castigando".

Dios no se complace viendo cómo los demonios atacan y hieren a sus hijos. Dios permite el sufrimiento e incluso permite que los demonios ataquen a la gente como una fuerte motivación para que cambien sus vidas. A Dios le complacen la santidad y el crecimiento personal, no el dolor, la enfermedad y el sufrimiento. La Biblia nos da los siguientes ejemplos para enfocar correctamente el sufrimiento cristiano: *De igual manera serán perseguidos todos los que quieran servir a Dios en Cristo Jesús.*[8] Cuando un hombre deja que la luz de Cristo

brille con todo su esplendor en un mundo de oscu.
va a experimentar resistencia en forma de persecucic
sufriendo. Pero, de acuerdo con lo que dice San Mateo, la alegría de la rectitud tendría que superar el dolor de la persecución. *Felices los que son perseguidos por causa del bien, porque de ellos es el Reino de los Cielos.*[9]

El segundo ejemplo lo encontramos en la carta a los Hebreos: *Ustedes sufren, pero es para su bien, y Dios los trata como a hijos: ¿a qué hijo no lo corrige su padre? Si no conocieran la corrección, que ha sido la suerte de todos, serían bastardos y no hijos. Ninguna corrección nos alegra en el momento, más bien duele; pero con el tiempo, si nos dejamos instruir, traerá frutos de paz y de santidad.*[10]

Dios permite que sus hijos enfrenten situaciones dolorosas para incrementar su crecimiento personal, la santidad y la santificación. En un contexto más amplio, le sería mejor a una persona sufrir un terrible accidente automovilístico que perder su alma por toda la eternidad. Si una experiencia dramática es lo único que puede hacer que un hombre busque a Dios, entonces, por su gran amor, Dios permitirá que le sucedan cosas malas para que crezca personalmente.

El tercer ejemplo está en la carta a los Gálatas: *Caminen según el espíritu y así no realizarán los deseos de la carne. Pues los deseos de la carne se oponen al espíritu y los deseos del espíritu se oponen a la carne. Los dos se contraponen, de suerte que ustedes no pueden obrar como quisieran.*[11]

Los cristianos están llamados a controlar los deseos de la carne. La mortificación es un proceso que a través del ayuno lleva al hombre a disciplinar su cuerpo para controlar los deseos de la carne. Cuando una person~ ayuna, no se está castigando o causándose un dolor agradar a Dios. Ayunar es negar la necesidad física de comida a cambio de la comida espiritual. Cuando una persona ayuna, convierte toda su hambre física en hambre espiritual. Cuando se le suplica a Dios con hambre espiritual, Dios responde alimentándolo sobrenaturalmente.

Estudiando la palabra de Dios estarás mejor preparado para eliminar de tu mente los pensamientos falsos. Cuando el maligno trata de convencerte de que sufras, puedes refutar sus mentiras con la verdad de Dios y obrando así le estarás añadiendo una capa protectora más a tu armadura espiritual.

Alabanza

Cuando un guerrero alaba a Dios, aplica una brillante capa de cera a prueba de balas a su armadura. Los demonios odian las alabanzas. Les hiere los oídos y les hacen corretear como cucarachas cuando enciendes la luz. Es especialmente efectivo incluso bajo las peores circunstancias.

Aprendí el poder de la alabanza una noche de tormenta. Amarré mi barca cerca de la orilla y tuve que refugiarme en la playa. Como a las dos de la mañana me desperté y con una linterna fui a ver cómo estaba mi barca. Todavía llovía y necesitaba encender la bomba de achique.

Crucé la playa de blanca arena y me tropecé con un remo, lo levanté y pensé: "Se parece al que compre la semana pasada". Después de caminar un poco más, me topé con un recipiente de plástico. Se parecía al que había empacado con mis artículos de acampar. Dirigí la linterna hacia mi barca. Se había ido. La tormenta la había llenado de agua hasta que se volteó. Mi primera reacción fue de schock y desesperanza. Estaba solo a la medianoche y todo mi equipo estaba o hundido o flotando lejos de aquí.

Caminé por la heladísima agua en la obscuridad y comencé a alabar a Dios. No tenía ganas de alabar a Dios, pero de todos modos lo hice. En algún momento mi actitud negativa se convirtió en alegría. Cada vez que encontraba algo lo llevaba a la orilla alabando y cantando: "Gracias Dios mío, Rey grande, por salvar mi sartén".

Al día siguiente, pude salvar mi barca y traerla a la orilla. Con el poder de la alabanza fui capaz de transformar una situación que parecía tan negativa en algo que terminó siendo una bendición. No lo noté en ese momento pero Dios me estaba pidiendo que me desprendiera de mi barca.

Dios siempre ve desde un punto de vista más amplio y desea que se le alabe sin importar qué tan limitado sea mi punto de vista. Muchas semanas después mi compañía de seguros pagó toda la pérdida. Así pude recuperar mis pertenencias personales y al mismo tiempo crecer personalmente gracias al poder de la alabanza.

Cantar alabanzas a Dios es mucho más que presenciar un buen coro tejiendo notas musicales en perfecta armonía. La auténtica alabanza es la que sale de lo más profundo del espíritu del guerrero y se dirige a Dios con gritos de alegría. Cuando una comunidad alaba a Dios de esta forma, Dios se presenta de maneras maravillosas. El poder de la alabanza invita a Dios incluso en las situaciones más oscuras. Le añadirá un escudo impenetrable de protección a la armadura del guerrero y llevará la luz de Cristo a las situaciones más traumáticas.

El casco de la salvación

Todo guerrero necesita un casco impenetrable de pensamientos puros. El campo de batalla de la mente es extremadamente feroz. Es el primer lugar que el maligno ataca. Cada hora pasan cientos de pensamientos por la mente del guerrero. Los pensamientos en sí mismos no pueden perjudicar a la persona, únicamente cuando ésta comienza a consentir pensamientos negativos el maligno puede influir en su comportamiento.

La condición fundamental para la pureza mental de un guerrero se encuentra en la carta de San Pablo a los Filipenses (4,8): *Por lo demás, hermanos, fíjense en todo lo que encuentren de verdadero, noble, justo y limpio; en todo lo que es fraternal y hermoso, en todos los valores morales que merecen alabanza.*

Cuando los demonios insisten en invadir mis pensamientos con continuas tentaciones, los combato usando las mismas técnicas que Jesús usó en el desierto. Cuando Satanás lo tentó para que convirtiera las piedras en pan, Jesús le respondió con la Palabra de Dios. Usó una cita del antiguo testamento y dijo: *"El hombre no vive solamente de pan, sino de toda palabra que sale de la boca de Dios".*[12]

De la misma forma, cuando el demonio trata de tentarme con pensamientos sexuales, lo combato con la palabra de Dios. Me recuerdo a mí mismo que "¡mi alma es la esposa de Cristo y por eso me mantendré puro y santo!". Repito esta frase hasta que la tentación se aleja.

A continuación enumero otras citas también muy efectivas contra el seductivo susurro del demonio:

LA ARMADURA DE DIOS

Porque Dios no nos dio un espíritu de timidez, sino un espíritu de fortaleza, de amor y de buen juicio. (2 Timoteo 1,7)

Ustedes, hijitos, son de Dios, y ya han logrado la victoria sobre esa gente, pues el que está en ustedes es más poderoso que el que está en el mundo. (1 Juan 4,4)

Ningún arma que hayan forjado contra ti resultará, y harás callar a cualquiera que te acuse. Este es el premio para los servidores de Yavé y la victoria que les garantizo, dice Yavé. (Isaías 54,17)

La Palabra de Dios es la mejor defensa del guerrero contra el seductivo susurro de la tentación maligna. Es un escudo impenetrable que todo guerrero necesita para mantener su casco mental pulido y brillante.

Botas de combate

Como los zapatos en tus pies, ponte lo que hará que estés listo para la proclamación del evangelio de la paz. Cuando un guerrero se compromete con un ministerio, Dios premia sus esfuerzos y le da la fortaleza espiritual que necesita para amar y servir a los perdidos de este mundo. Cuando un hombre se sienta en su casa a ver la televisión, el espíritu de Dios no lo llena con los milagrosos poderes de Cristo.

Cuando comencé a ayudar a los vagabundos no tenía la fortaleza ni la habilidad de amar. Cuando ayudaba a un vagabundo en la mañana, después de comprarle ropa en un bazar y de llevarlo a varios lugares a que consiguiera trabajo, ya para en la tarde todas mis energías de buena voluntad se habían acabado y me sentía malhumorado e impaciente.

Conforme fue pasando el tiempo mi habilidad de amar se fue fortaleciendo porque el amor de Dios comenzó a fluir a través de mí. Dios comenzó a llenar mi depósito con una gracia abundante de paciencia y sabiduría que necesitaba para ayudar a las personas a superar sus problemas con la bebida. En cierta forma, me benefició más a mí la gracia de Dios que a los vagabundos a quienes yo ayudaba.

Desafortunadamente, sólo algunos católicos se sienten capacitados para llevar a cabo un ministerio. Parece como si hubiera una manta de opresión que dijera: "Sólo el sacerdote ordenado está capacitado para llevar a cabo las obras de Dios". Parece también como si hubiera un espíritu reprimido diciendo: "Todos los ministerios tienen que realizarse dentro de la parroquia".

El catecismo dice: *Los laicos cumplen también su misión profética evangelizando, con el anuncio de Cristo comunicado con el testimonio de la vida y de la palabra. Enseñar a alguien para traerlo a la fe es tarea de todo predicador e incluso de todo creyente.*[13]

A todo parroquiano se la ha dado la responsabilidad de la evangelización. Cuando un guerrero empieza a proclamar el evangelio de la paz, su armadura espiritual comenzará también a brillar con el poder y la presencia de Cristo mismo.

La espada del Espíritu

La única arma ofensiva es la espada del Espíritu. Cuando un guerrero proclama la Palabra de Dios, tal como se encuentra en la Sagrada Escritura, tiene el poder de destruir la fortaleza del enemigo y de refutar sus mentiras trayendo amor y unificando las vidas de los demás.

Jesús dice: *"Ustedes serán verdaderos discípulos míos si perseveran en mi palabra; entonces conocerán la verdad, y la verdad los hará libres".*[14] Cuando un guerrero pronuncia la Palabra de Dios, tal como se encuentra en la Sagrada Escritura, es capaz de arreglar conflictos mucho antes de que se conviertan en discusiones. Eso es así porque, *en efecto, la palabra de Dios es viva y eficaz, más penetrante que espada de doble filo, y penetra hasta donde se dividen el alma y el espíritu, las articulaciones y los tuétanos, haciendo un discernimiento de los deseos y los pensamientos más íntimos.*[15]

En una entrevista de radio tuve que usar mi espada cuando el presentador comenzó a condenar a la Iglesia Católica por sus enseñanzas acerca del divorcio y segundas nupcias. Traté de explicarle la posición de la Iglesia, pero no me quería escuchar. La conversación se estaba subiendo rápidamente de tono. No recuerdo las palabras exactas pero sé en qué momento saqué mi espada y le respondí: "El fundamento de la Iglesia Católica no está en lo que se siente bien ni en la opinión pública, sino en lo que dice la Biblia y la Biblia dice que *el hombre que se case con la mujer divorciada, cometerá adulterio.*[16]

Después de haber proclamado la verdad de Dios en esas circunstancias, hubo un largo y profundo silencio. En la esfera espiritual, tomé mi espada y herí al demonio que estaba provocando que el locutor se enojara. Después de eso no quedó nada más que añadir. La Palabra de Dios tal como se encuentra en la Sagrada Escritura cerró el debate.

A todo guerrero se le ha dado una espada afilada con poder ilimitado, pero antes de que pueda usarla para refutar al enemigo, el guerrero mismo necesita alimentarse todos los días con la palabra de Dios. Dios se quiere comunicar con todos los hombres a través de la Escritura y el único camino para que un guerrero sea capaz de fortalecerse es leyendo la Santa Biblia.

El escudo de la fe

Una de las más grandes fortalezas del guerrero es su escudo de fe. No sólo sofocará las flechas encendidas del maligno sino que tiene el poder de mover montañas. Jesús dice: *"Porque ustedes tienen poca fe. En verdad les digo: si tuvieran fe, del tamaño de un granito de mostaza, le dirían a este cerro: Quítate de ahí y ponte más allá, y el cerro obedecería. Nada sería imposible para ustedes"*.[17]

La fe es más que la personificación de una doctrina religiosa, como cuando alguien pregunta "¿A qué fe perteneces?". La respuesta es mucho más que "pertenezco a la fe católica" porque la fe es más que una colección de creencias teológicas.

La fe es el instrumento que el guerrero usa para llevar el poder de Dios a toda situación que parece imposible.

¿Qué más diré? Me faltaría tiempo para hablar de Gedeón, Barac, Sansón, Jefté, David, lo mismo que de Samuel y de los profetas. Ellos, gracias a la fe, sometieron a otras naciones, impusieron la justicia, vieron realizarse promesas de Dios, cerraron bocas de leones, apagaron la violencia del fuego, escaparon del filo de la espada, sanaron de enfermedades, se mostraron valientes en la guerra y rechazaron a los invasores extranjeros.

Hebreos 11,32–34

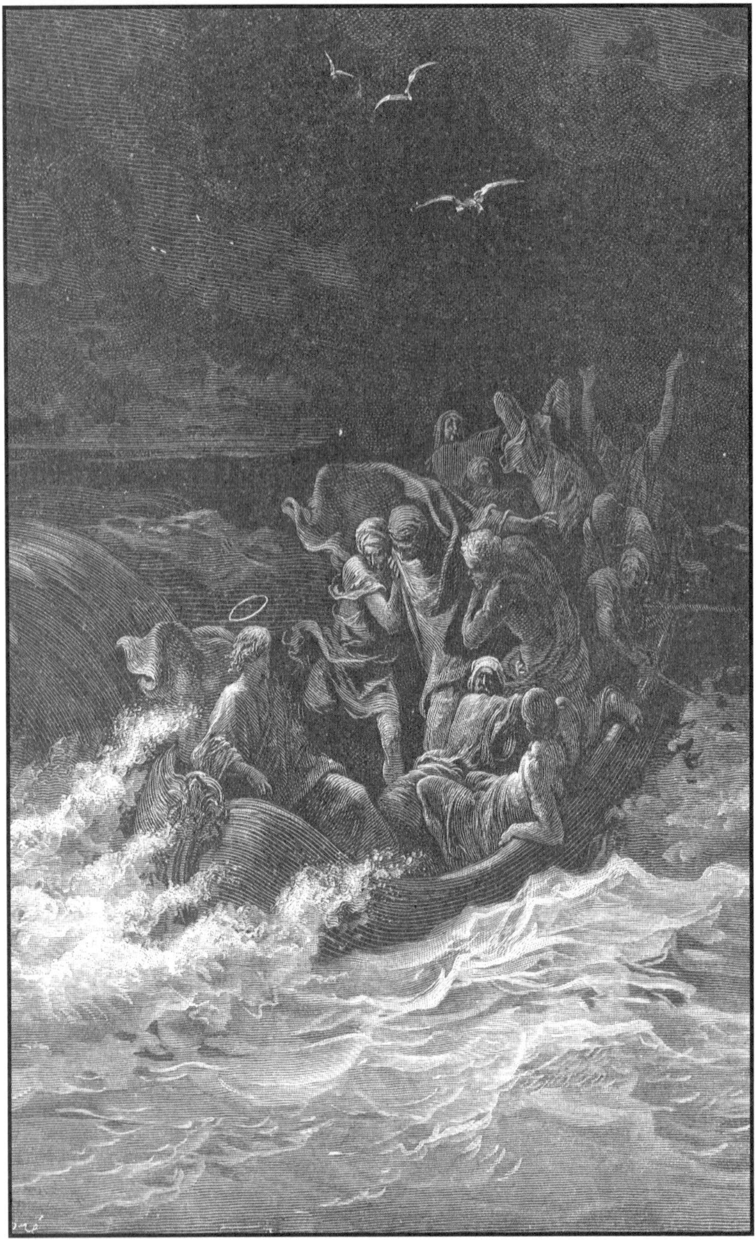

1

CAPÍTULO SIETE

LA FE DEL GUERRERO

Fase uno de la fe

Al menos cuatro veces en el evangelio de San Mateo, Jesús reta a sus discípulos a que incrementen su fe. En esas ocasiones usa la expresión: "¡Qué poca fe tienen!". El primer incidente ocurrió justo después del sermón de la montaña cuando Jesús dice: *"No anden preocupados por su vida con problemas de alimentos, ni por su cuerpo con problemas de ropa. ¿No es más importante la vida que el alimento y más valioso el cuerpo que la ropa? Y si Dios viste así el pasto del campo, que hoy brota y mañana se echa al fuego, ¿no hará mucho más por ustedes? ¡Qué poca fe tienen!".*[2]

Antes de que los discípulos pudieran confiar en que Jesús atendería sus necesidades materiales, ellos tenían que ser testigos de su control soberano sobre la naturaleza. Después de verlo alimentar una multitud de cinco mil personas con dos panes y cinco pescados, ellos entraron con eso en la fase uno de la fe.

Antes de que yo pudiera confiar en que Dios atendería mis necesidades materiales, yo también tenía que experimentar la mano soberana de Dios. Hubo un periodo de mi vida en que Dios me permitió ganar mucho dinero trabajando en bienes raíces. Llegué incluso a pensar que podría retirarme, pero después de una serie de pérdidas en la bolsa pasé de una posición financiera independiente a tener sólo unos cuantos cientos de dólares en mi cuenta corriente.

Durante el tiempo en que me dedicaba a ayudar a los vagabundos, trayéndolos de aquí para acá como taxista para que consiguieran trabajo, me di cuenta de que este ministerio no sólo me consumía mi tiempo sino que además me costaba mucho dinero. Todos los meses sólo me alcanzaba para lo mínimo.

Después de más o menos un año de vivir en completa dependencia de Dios, aprendí a confiar en Dios para todo lo relacionado con comida, vestido y casa. Incluso fue chistoso ver cómo Dios atendía mis necesidades. Cada vez que llegaba una factura yo recibía al mismo tiempo una bendición inesperada.

Con el tiempo desarrollé una dulce relación de dependencia con el Señor que nunca tuve cuando gozaba de independencia financiera. Cuando tenía el poder del dinero no necesitaba que el Señor me proveyera de nada. Yo mismo podía comprar, sobornar o negociar cualquier negocio imaginable. Antes de que pudiera confiar mis finanzas a Dios, mi parte espiritual necesitaba apegarse a Dios simplemente para poder existir y sobrevivir. Después de esto, entré en la fase uno de la fe.

Fase dos de la fe

Los discípulos entraron en la fase dos de la fe en el mar de Galilea. Poco después de que abordaron una barca y se alejaron de la orilla, Jesús se quedó dormido sobre un montón de redes de pesca. Conforme los discípulos navegaban hacia la costa este del lago, una leve brisa comenzó a convertirse en una desagradable tormenta. El cielo gris oscuro y las aguas comenzaron a subir de nivel y a convertirse en turbulencia. En un momento se formaron nubarrones que amenazaron con despedazar la pequeña embarcación. Nadie quería despertar a Jesús, pero cuando las olas comenzaron a romper sobre la cubierta de la barca, los discípulos acudieron a Jesús a gritos: *"¡Señor, sálvanos, que estamos perdidos!"*.[3]

Poniéndose de pie Jesús ordenó a los vientos y al mar que se calmaran y así sucedió. Volviéndose a sus discípulos les dijo: *"¡Qué miedosos son ustedes! ¡Qué poca fe tienen!"*[4]

Grande fue el asombro de los discípulos y decían: *"¿Quién es éste, que hasta los vientos y el mar le obedecen?"*[5] Bastó un minuto para que pasaran del terror a que se les abrieran los ojos.

Jesús no necesitaba ninguna otra palabra. El mensaje era claro: ¡No podrían simplemente confiar en mí! Nada escapa de mi control. Tengo el poder de multiplicar el pan cuando tengan hambre y de salvar sus cuerpos del peligro.

Jesús permitió esa situación para enseñarles a sus apóstoles una lección. Podría haber evitado la tormenta desde el inicio. Podría haber dado órdenes a los vientos mientras dormía, sin siquiera tener que abrir los ojos. Sin embargo sin la experiencia de ver su vida en riesgo, los apóstoles no habrían aprendido a confiar sus vidas al Señor.

Yo entré en la fase dos de la fe con una amiga llamada Sandi. Era una mañana de primavera en Golden, Colorado. Después de estacionar el coche de Sandi cerca de la fábrica de cervezas Coors, continuamos en mi camioneta hasta que encontramos el lugar perfecto para adentrarnos en el río con nuestra balsa inflable.

Seguimos la corriente en lo que creímos que sería el paseo de nuestras vidas. Los primeros rápidos giraron nuestra balsa. Remamos duro para recuperar posición, pero antes de que pudiéramos enderezarnos golpeamos más piedras y la corriente nos arrastró de lado hacia otra serie de rápidos.

"¡Enfrente! ¡Una caída enorme!", grité.

Todo sucedió muy rápido. Nuestra balsa se fue de punta en una caída de más de seis pies. Blancas olas nos rodeaban y nos golpeaban. Sandi, que venía en la parte de atrás de la balsa, no pudo aguantar. Se vino para adelante y los dos caímos en el agua.

Pude escuchar las burbujas en mis oídos; y a continuación sólo escuché un silencio ahogado. El agua helada me aplastaba el pecho como un torno. Dentro del agua no sabía si estaba hacia arriba o hacia abajo.

De repente me encontré con que estaba en la superficie. Pude sentir el calor del cuerpo de Sandi en mis piernas pero seis pies bajo el agua. Estaba atrapada por la corriente. Yo apenas podía respirar y mucho menos pensar. Lo único que pude hacer fue levantar un brazo y atrapar la balsa antes de que la corriente se la llevara. Sin ayuda, la corriente me arrastró.

Formaciones de piedras afiladas aparecieron enfrente mientras la corriente me sacudía contra ellas sin ninguna misericordia. No quería mover mis piernas porque temía que una de esas piedras y la corriente me las arrancaran del cuerpo. Me golpeé con enorme fuerza contra un sinnúmero de piedras.

Mi boca no dejaba de rezar pero cuando comencé a sentir los golpes de las piedras mi espíritu entró en un estado de desesperación que me llevó a gritar desde lo más profundo de mi alma una sola palabra: "¡Dios!".

Algunos segundos después Sandi salió a flote, la vi a mi lado y pudo agarrarse a la balsa. Usé su cuerpo como escalera y después de una vuelta completa, pude subirla a la balsa. Descansamos en el fondo de la balsa algunos minutos tratando de recuperarnos. Cuando vi cómo se formaban las corrientes de agua a nuestro alrededor, nos dimos cuenta de que Dios estaba obrando un milagro pues nuestra balsa estaba completamente detenida en medio del río.

No cabíamos en nuestro asombro al ver cómo Dios había detenido una balsa inflable para cuatro personas en medio del río. Había enormes riscos y rápidas corrientes a nuestro alrededor, sin embargo nosotros estábamos completamente detenidos. Nos llevó un rato descubrir que Dios había mandado un ángel para que amarrara la cuerda de la balsa a algo debajo del agua.

Después de un rato, pudimos soltar la cuerda y conducir la balsa a la orilla con nuestras propias manos. Nos alejamos de ahí con la alegría de haber experimentado el poder de la fe. Funciona como un faro de luz en un mundo de oscuridad. En la esfera espiritual parece como un conducto por el que Dios transmite poder espiritual a la esfera física.

Antes de que dicho conducto se pueda establece, se requiere que varios elementos previos estén en su lugar. Primero, teníamos que creer que Dios tenía el poder y el deseo de rescatarnos del peligro. También necesitábamos creer que Dios está cerca de nosotros y en contacto con nosotros de tal manera que sabe cada detalle concerniente a nuestras vidas.

En cuanto creció la situación de peligro, Sandi y yo pusimos, mediante el poder de la fe, un faro de luz en el ámbito espiritual cuando nuestros espíritus imploraron la ayuda de Dios. Una vez que dicha conexión quedó establecida entonces Dios pudo enviar su poder y detener nuestra balsa en medio del río.

Lo contrario de la fe es negatividad, miedo y duda. Si cuando Sandi me tocó en el agua hubiera gritado maldiciones y me hubiera enojado, habría invocado un espíritu negativo a la escena.

Cuando estaba chocando contra las piedras pude haber invocado un espíritu de desánimo pensando cosas como: "Me lo tengo bien merecido, Dios me está castigando. Siempre me suceden cosas malas, voy a morir y a nadie le va a preocupar". Podría haber hecho un trato con un espíritu de temor que me habría impedido físicamente atrapar la balsa cuando se estaba alejando.

Como si se tratara del cumplimiento de una profecía, las nubes oscuras podrían haber cubierto por completo la escena haciéndola incluso más oscura. Después de chocar contra algunas piedras podría haber maldecido a Dios y deseado morir. Si mi espíritu interior hubiera reaccionado de esa manera, o se hubiera quedado callado de miedo, entonces toda la experiencia habría terminado en tragedia.

Dios en su gran amor quería salvarnos, pero si hubiésemos hecho un trato con el maligno, sus manos habrían estado atadas. Dios no quiere violar las leyes espirituales del universo e intervenir sin nuestra libre voluntad.

De las tres opciones que se presentaron a nuestros espíritus—silencio, oscuridad o establecimiento de un conducto de comunicación por el poder de la fe—nosotros elegimos vivir. Imploramos la ayuda de Dios en la necesidad y el Dios del universo calmó el río. Pudimos salir de la experiencia con algunos golpes y heridas, pero con un gran regalo: la capacidad de confiar nuestras vidas a Dios.

Fase tres de la fe

Un día un hombre se arrodilló ante Jesús y le dijo: *"Señor, ten piedad de mi hijo, que es epiléptico y su estado es lastimoso. A menudo se nos cae al fuego, y otras veces al agua. Lo he llevado a tus discípulos, pero no han podido curarlo".*[6]

El joven estaba rodeado de médicos, los apóstoles y una gran multitud de espectadores. Los apóstoles ya habían orado sobre el muchacho. Ellos intentaron expulsar el demonio, pero los médicos seguían proyectando negatividad sobre la situación concreta. Ya habían hecho declaraciones como: "No hay esperanzas para este paciente. ¡Es imposible! Lo único que podemos hacer es darle medicinas para que se sienta mejor".

El padre estaba también proyectando una fe negativa. Había visitado muchos doctores que le habían diagnosticado a su hijo epilepsia, un trastorno crónico-nervioso del cerebro que afecta el control muscular y la conciencia.

Antes de poder hacer un milagro, Jesús necesita romper la barrera mental que los presentes habían construido entorno a la situación. Se volvió a los espectadores y les echó en cara su decepción con una declaración muy dura: *"¡Qué generación tan incrédula y malvada! ¿Hasta cuándo estaré entre ustedes? ¿Hasta cuándo tendré que soportarlos? Tráiganmelo acá".*[7]

Jesús entendió el problema tan claro como el día. No se trataba de una condición médica sino de otro demonio. Jesús encendió su espíritu, miró directamente al demonio y le dio una orden. El niño quedó inmediatamente sanado. Entonces los discípulos se acercaron a Jesús y le preguntaron en privado: *"¿Por qué nosotros no pudimos echar a ese demonio?"*.[8]

Jesús les dijo: "Porque ustedes tienen poca fe. En verdad les digo: si tuvieran fe, del tamaño de un granito de mostaza, le dirían a este cerro: Quítate de ahí y ponte más allá, y el cerro obedecería. Nada sería imposible para ustedes".[9]

Jesús quería que sus discípulos empezaran a usar el poder de la fe. Quería que superaran la fe negativa que reinaba en el ambiente y abrieran el conducto espiritual que conectara el cielo con la Tierra. Quería que usaran el poder de la fe para hacer milagros. Quería que comenzaran a mover montañas con el poder de Dios.

La fase tres de la fe es como una función del espíritu en la que el guerrero comienza a cooperar con el poder de Dios. En vez de pedirle a Dios que haga esto o aquello, en la fase tres el guerrero usa su propio espíritu junto con el espíritu de Dios y comienza a hacer milagros.

Yo comencé a entrar en la fase tres de la fe después de misa un día por la mañana, cuando una ancianita, Betty, se me acercó y me dijo: "Mi nieta, Virginia, fue arrestada anoche. Me llamó a cobro revertido y quiere usar mi casa para pagar la fianza. Yo esperaba que me llamara otra vez, pero se enojó. Yo quería ir a verla pero los trámites se llevan dos semanas".

"¡Dos semanas! ¿Ya llamó a la cárcel para preguntar cuáles son las horas de visita?".

"Sólo hay visitas los jueves, pero antes hay que llenar el papeleo".

"¡No es posible! Los abogados hacen visitas las 24 horas. Dígales que usted trabaja con la Iglesia y que se trata de la visita de un clérigo", le dije.

"No puedo hacer eso. Estoy muy preocupada por ella…".

Mientras Betty me iba describiendo su situación tan desesperada, mi espíritu se hacía cada vez más poderoso. Pude sentir que mi corazón ardía con el espíritu de Dios dentro de mí. Sentí que podía atravesar una pared de ladrillos y que podía visitar a su nieta esa tarde. Sin dudarlo le dije: "No se preocupe, la voy a visitar hoy por la tarde".

"Muchas gracias", dijo Betty.

Esa tarde me dirigí a la cárcel del condado. Demostrando seguridad en mí mismo me acerqué a dos guardias uniformados. Estaban dentro de una estación de seguridad protegida con cristales blindados.

"Vengo a hacer una visita clerical", dije. "Su nombre es Virginia Brown".

Sin decir palabra, uno de los guardias tomó una tabla con clip y me la pasó por la bandeja debajo del cristal blindado. Después de escribir mi nombre se las devolví y me quedé esperando pacientemente.

Después de algunos minutos, uno de los guardias dejó su puesto y otro lo remplazó. Era como un cambio de turno. El nuevo guardia comenzó a gritarme por el micrófono y le dije: "Vine a hacer una visita clerical".

Tomó la misma tabla con clip y me la pasó otra vez, pero le dije que ya me había registrado. En cuanto vio mi nombre me hice a un lado y me puse a rezar.

El timbre de la puerta sonó casi enseguida y el guardia me indicó la puerta de acero y la abrió. Del otro lado, de pie al fondo del pasillo, estaba una pequeña mujer vestida con un pijama anaranjado brillante.

"¿Eres Virginia?", pregunté.

"¿Quién eres?".

"Conozco a Betty porque viene a misa por las mañanas. Ella quería que viniera a visitarte y a ayudarte".

"¿Cómo entraste?".

"Les dije que venía a verte".

"Es extraño. Justamente estaba pidiendo ayuda a Dios".

Los dos escuchamos unos golpes en el cristal detrás de nosotros. Me di la vuelta y vi que era el guardia que nos miraba con impaciencia. Quería que entráramos en el cuarto de visitas para que pudiera cerrar la puerta.

Después de tomar asiento en las sillas metálicas, le ofrecí a Virginia mi teléfono celular.

"Todavía no puedo creer que estés aquí", dijo.

Después de media hora platicando y haciendo llamadas, terminamos la visita con una oración. Virginia pudo hacer todas las llamadas que necesitaba y pudo experimentar el poder de la fase tres de la fe. Con una fortaleza mental inquebrantable y la fortaleza de mi espíritu interior, pude cooperar con el milagro que el poder del espíritu de Dios estaba realizando. Sin haber enseñado a los guardias ningún tipo de credencial, me permitieron visitar media hora sin vigilancia a un prisionero.

Fase cuatro de la fe

Una tarde Jesús quería retirarse solo a orar. *Cayó la noche, y él seguía allí solo. La barca en tanto estaba ya muy lejos de tierra y las olas la golpeaban duramente, pues soplaba el viento en contra.*[10]

Antes del amanecer, Jesús vino hacia ellos caminando sobre el agua. Los discípulos todavía estaban lejos de la orilla. Cuando miraron hacia el horizonte vieron la figura de un hombre acercándose a ellos desde lejos. Se asustaron y exclamaron: *"¡Es un fantasma!"*.[11]

En seguida Jesús les dijo: *"Ánimo, no teman, que soy yo"*.[12]

Pedro contestó: *"Señor, si eres tú, manda que yo vaya a ti caminando sobre el agua"*.[13]

Jesús le dijo: *"Ven"*.[14]

Pedro bajó de la barca y empezó a caminar sobre las aguas en dirección a Jesús. Pero el viento seguía muy fuerte, tuvo miedo y comenzó a hundirse. Entonces gritó: "¡Señor, sálvame!".[15]

Al instante Jesús extendió la mano y lo agarró, diciendo: "Hombre de poca fe, ¿por qué has vacilado?" Subieron a la barca y cesó el viento, y los que estaban en la barca se postraron ante él, diciendo: "¡Verdaderamente tú eres el Hijo de Dios!".[16]

Estoy seguro de que Pedro pudo sentir claramente la negatividad que los demás discípulos le proyectaban. Quizá estaban cuchicheando o haciendo comentarios como: "Regresa a la barca antes de que te ahogues, nadie puede caminar en el agua, ¡es imposible!". Sin embargo Pedro dio el paso fuera de la barca y con ello entró en la fase cuatro de la fe: poder sobre su entorno físico.

Pedro sabía que Jesús tenía poder sobre el mar y confiaba en Él. También se le había dado el poder de expulsar demonios y sanar gente, entonces, ¿por qué no salir del bote en ese momento? Siendo pescador había pasado gran parte de su vida en el mar, tenía un buen sentido del ritmo de las olas y respetaba el poder de las corrientes. Ahora la prueba había llegado. ¿Podría controlar sus pensamientos lo suficiente para caminar en el agua?

Cada vez que he intentado caminar sobre un pequeño charco mi mente empieza a gritar palabras negativas de condena: "¡No puedes hacer eso!". Puedo sentir la duda creciendo en mi corazón antes de que mi pie toque el filo del agua. Nunca he podido caminar en el agua, pero se me ha dado poder sobre mi entorno físico. Cuando trabajo en construcción, uso mi cuerpo, mente y espíritu para manipular y cambiar mi ambiente.

Algunos trabajadores de la construcción proyectan un espíritu negativo sobre su trabajo. Siempre están diciendo palabrotas y rompiendo cosas. Otros albañiles, sin embargo, tienen como un flujo ungido. Usan su espíritu interior para crear un ambiente pacífico que fluye a través del trabajo. Todos sus cortes parecen embonar perfectamente, hasta parece que su trabajo es una obra de arte.

Otras personas tratan de trabajar con sus manos pero nunca involucran sus espíritus. Compran libros de cómo hacer las cosas desde el punto de vista intelectual. Terminan sus trabajos gracias a su persistencia, pero sin involucrar a sus espíritus. Nunca adquirirán el flujo ungido que produce milagros.

Comencé a adentrarme en la fase cuatro de la fe un día que me ofrecí de voluntario para quitar un candelabro de la Catedral de la Inmaculada Concepción. Se instaló en los años setentas cuando necesitaban más luces para televisar la misa. Un equipo de ingenieros diseñó un candelabro de oro sostenido sobre el altar principal por cuatro postes cuadrados. Medía 50 pies de ancho y 60 pies de alto, pesaba 2,000 libras y tenía ocho compartimientos de luz que parecían barriles de 55 galones.

El director de la catedral lo odiaba. Decía que el estilo modernista de los años setentas se contraponía al estilo gótico del diseño original de la catedral. Lo quería quitar, pero los arquitectos le dijeron que ese trabajo duraría dos semanas, costaría $30,000 y necesitaría 80 pies de andamios.

Cuando me comentó la idea le dije que yo podría hacerlo en un día, que no le costaría nada y que incluso le dejaría resanado el techo sin usar andamios. Algo en mi espíritu me decía que era posible. No dejé de pensar en el trabajo. Simplemente me traje a otros tres muchachos para que me ayudaran un sábado en la mañana.

Comenzamos el proceso encendiendo el torno que estaba en el ático. Estaba diseñado para bajar el candelabro a la altura de una escalera para darle mantenimiento, cambiar los focos y limpiarlo. Después de bajar todo el torno desmontamos el aparato. En una hora habíamos quitado todo menos los cuatro postes de acero que estaban empotrados en el techo. Colgaban de los cables del torno a unos diez pies del suelo.

Para bajar el primero necesitamos que Bart y Chad detuvieran la punta del poste cerca de los escalones del altar. Después, Tim, que estaba en el ático, cortó el cable y yo lo bajé hacia el pasillo central con varios tablones de 2"x 4" que había clavado para evitar que los postes maltrataran las bancas de la iglesia.

Pero cuando Tim cortó el cable, la punta se desprendió contra Bart y Chad dando latigazos. El cable se movía tan rápido que lo podíamos oír en el aire pero no alcanzábamos a verlo. Cuando el cable terminó su movimiento pendular, se regresó dirigiéndose hacia Bart y Chad.

Yo seguía gritando: "¡Deténganlo, deténganlo!", pero ellos ya se habían olvidado de detener la punta del poste de 500 libras.

Me fui detrás del poste con mis tablones gritando "¡No, no!", pero era demasiado tarde. El poste se dirigía exactamente a las filas de bancas. En cuanto mis tablones se despedazaron mi espíritu tomo el control y el poste de 44 pies de largo cayó con gran estruendo.

El ruido fue tan impresionante que el director lo escuchó desde la rectoría y salió corriendo a gritos a ver qué había pasado.

Bart y Chad estaban tan impresionados que apenas podían hablar. "Todo está en orden", dije yo. "Sólo acabamos de bajar el primer poste. Un aterrizaje perfecto exactamente en el centro del pasillo".

Según las leyes de la física, el poste se habría dirigido a las bancas. Si hubiera caído ahí las habría destruido todas, pero milagrosamente y con el poder de la fe y la persistente fuerza de mi espíritu, el poder espiritual de Dios se coló en el entorno físico. El Señor hizo un milagro y salvó las primeras cinco filas de bancas de convertirse en un montón de palillos de dientes.

En las fases uno y dos, el guerrero aprende a confiar en Dios, no con una creencia intelectual sino con su espíritu. El guerrero espiritual aprende a confiar en el Padre del Espíritu. Los dos espíritus comienzan a desarrollar una dulce cercanía y conexión. Un vínculo se forma y va permitiendo al guerrero exclamar: "¡Abba Padre!".

En las fases tres y cuatro, el guerrero comienza a usar su espíritu en conexión con el Espíritu de Dios para realizar milagros. Los dos espíritus están juntos. El poder milagroso de Dios comienza a fluir a través del espíritu del guerrero. Los dos espíritus se hacen uno.

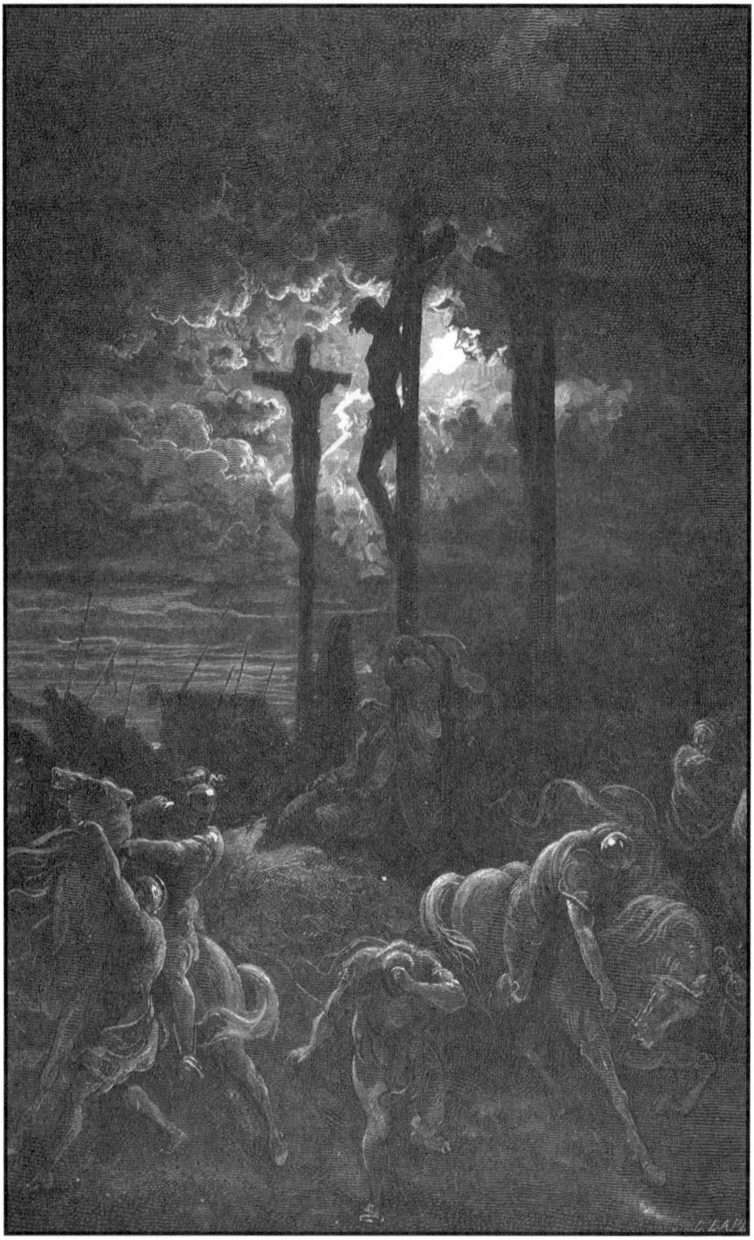

1

CAPÍTULO OCHO

EL AMOR DEL GUERRERO

Un día Dios me asignó una tarea muy difícil. Me mandó a ayudar a Steven, un vagabundo que había puesto su casa de campaña en unos arbustos al lado del río Platte. Cuando conocí a Steven, este sufría de malnutrición, tenía llagadas las manos y no se había bañado o cambiado de ropa en semanas. Pasaba las noches borracho sobre un montón de pedazos de alfombra que tenía enrollados en los arbustos.

Al principio Steven no confió en mí. Me detenía a visitarlo dos o tres veces por semana. Algunos días le llevaba una cajita con pollo frito o un sándwich para la cena, otros días me sentaba en las piedras de la orilla del río a oír sus historias. Me llevó tiempo pero finalmente nos hicimos amigos.

Steven había sido teniente coronel en la marina. Había luchado en la guerra de Vietnam y se quedó como voluntario tres años más para ajustar cuentas con quienes habían matado a muchos de sus compañeros de pelotón. En su infancia sufrió serios abusos por parte de su padre, quien lo golpeaba hasta que sangraba, pero él luego se levantaba del suelo para retar a su padre a que lo golpeara otra vez.

Mi misión era rescatar a Steven de las garras del maligno y entregárselo a su Padre celestial que lo amaba. Steven era una oveja perdida vagando en las tierras de la destrucción eterna. Estaba metido en el pecado, se había enredado en una relación con una prostituta de un campo vecino y estaba lleno de odio hacia la humanidad. Sin embargo Dios lo amaba y deseaba que volviera al redil, limpio, sobrio, cantando alabanzas y adorando a Dios en espíritu y en verdad.

Me dirigí al campo de batalla con mi armadura de Dios puesta y actué con el poder de la fe, sabiendo que Dios tiene un propósito y un plan para todo cada vez que me llama a ponerme en acción. Seguí usando el poder de la oración incluso sabiendo que las manos de Dios estaban amarradas en este caso porque nadie podía forzar a Steven a cambiar su comportamiento y dejar de beber. Él tenía que tomar la decisión por sí mismo.

Siempre que tuve oportunidad usé mi espada para decir la verdad de Dios en su vida, pero Steven también tenía espada. Sabía la Biblia, al menos su versión de la Biblia. Se había graduado en un seminario teológico y fue una de la personas con quien he tenido los mejores argumentos y discusiones. Tuvimos auténticas luchas de "esgrima" sobre la religión. Cuando lo confronté diciendo lo que la Escritura dice acerca de la bebida Steve se defendió con argumentos como: "Jesús bebía vino también. Incluso puso a todos borrachos en las bodas de Caná".

Usé todo el poder de las oraciones de lucha espiritual, pero no había manera de adquirir autoridad sobre los demonios que lo llevaban a la bebida. Tenían el derecho de estar ahí porque cada vez que Steven se tomaba un trago, le estaba diciendo sí al demonio y no a

EL AMOR DEL GUERRERO

Dios. Los demonios tenían acceso directo a su mente y a sus emociones. Yo podía imponerle las manos y ordenar a los demonios que se marcharan, pero ellos volverían cada vez que él quisiera volver a beber.

La única forma en que podría ayudar a Steven era a través del poder del amor. El amor tiene la capacidad de iluminar la oscuridad como el día a la noche. El amor suaviza el corazón más duro. Cuando un guerrero aprovecha el amor de Dios y lo conduce a la vida de los demás, los milagros comienzan a darse.

Cuando miré a Steven a través de los ojos del amor de Dios comencé a ver su dolor. Sufría tremendamente. Las voces y los rostros de los que mató en Vietnam lo atormentaban noche y día. Los recuerdos de su padre golpeándolo y encerrándolo en la despensa seguían hiriéndolo profundamente. El espíritu de Steven estaba atormentado por demonios y su santuario interior estaba lleno de odio.

Dios quería invadir el corazón de Steven y confortarlo en su dolor, pero Steven no permitía que nadie entrara en su corazón. Estaba ya demasiado herido y no había forma de que Steven bajara la guardia de sus mecanismos de defensa.

Usé el poder del amor siempre que me detenía en el río y le llevaba algo de comer. Alimenté su cuerpo físico con comida y su hambre espiritual con amor. Cuando él aceptaba mis regalos de amor estaba aceptando a Dios al mismo tiempo, porque Dios es amor. Cada vez que cenamos pollo juntos, entraba a su alma oscura un poquito de la luz de Dios.

En cuanto esto comenzó, los demonios se lanzaron al contraataque. Pelearon llenando su mente con todo tipo de pensamientos perversos respecto de mis intenciones con él. Los demonios odian el amor porque no pueden hacer nada contra el poder transformador del amor. En cuanto Steven aceptó un poquito del amor de Dios en su alma se encontró con dos efectos, el primero fue que eso le hizo sentirse bien pero el segundo fue que también le hizo recordar la miseria en la que estaba envuelta su vida.

Entre más insistía yo en el amor de Dios, más sentía cómo Dios trataba de entrar en el corazón de Steven. Cuando vi las heridas de sus manos pensé que Dios podría sentir su dolor también. En conexión con el amor de Dios sentí el impulso de decir: "Vamos a la tienda a comprar unas vendas para tus manos".

"No necesito vendas", dijo Steven.

"Me duele sólo de verte las manos. ¿Qué pasó, cómo fue que se infectó tanto?".

Después de mirar las manos de Steven por un largo rato, sentí que el amor de Dios comenzó a fluir a través de mí y que eso estaba despertando un profundo dolor en su corazón.

"No necesito vendas. En el frente de batalla las heridas se cerraban solas. El dolor es cosa de niñas".

"Voy de camino a la tienda", le dije. "Nos podríamos detener por un sándwich y comprar un botiquín".

Después de un rato, Steven cedió. Fuimos a la tienda y me permitió que le curara sus heridas. Cuando lo hizo, aceptó aun más amor de Dios en su corazón.

A medida que pasaron los meses, la cantidad de amor de Dios que había entrado en el corazón de Steve fue tal que este empezó a despreciar su modo de vivir.

Comenzó a verse a sí mismo de una forma diferente. A Steve no le importaba dormir entre los arbustos cuando el odio a sí mismo lo consumía. Cuanto más amor aceptaba, menos quería seguir viviendo en condiciones infrahumanas.

Un día reaccionó por completo y dijo: "No quiero morir en estas condiciones. ¿Me ayudarías a salir de aquí?".

"Por supuesto, ya me puse en contacto con una clínica de desintoxicación. Cuando logres estar sobrio te buscaremos un trabajo y lugar para vivir".

Esa misma tarde empacamos sus pertenencias y lo llevé a la clínica de desintoxicación. El segundo día sufrió un ataque que casi lo mata. La jefa de enfermeras llamó a los paramédicos y lo transportaron al hospital donde permaneció más de tres días. Después de que lo dieron de alta, su personalidad peleonera se había transformado y lo único que quedaba era el caparazón roto y vacío de un hombre.

Le permití que se quedara en mi casa algunos días hasta que se sintiera mejor. Después encontramos un departamento y pagué el depósito y su primer mes de renta. Comenzó a buscar trabajo en el vecindario. Unos días más tarde encontró trabajo de pintor.

Parecía que todo iba bien hasta que llegó el día de pago. Se gastó $200 en cervezas y organizó una fiesta con sus vecinos. La siguiente semana lo desalojaron y se regresó a vivir a la orilla del río Platte.

Yo verdaderamente quería despotricar contra él por haber tirado el departamento de esa forma, pero después de mirarlo a los ojos, el amor de Dios fluyó de nuevo en mi alma y me di cuenta de que Dios estaba buscando a

Steven. No sólo Dios lo había perdonado sino que me estaba presionando para que continuara mis esfuerzos por ayudarlo.

Pasaron varios meses más antes de que Steven se hartara de dormir en el suelo. Echaba de menos la comodidad de un departamento propio. Una vez más le ayudé, pero esta vez sólo pagué $35 para que rentara una litera en un refugio para trabajadores.

Después de que fue dado de alta de la clínica de desintoxicación, pasó una noche más en el refugio antes de volver al río. Se quedó allí una semana más y pudo mantenerse sobrio. Después de encontrar trabajo en una compañía de reciclaje de aluminio, su patrón le permitió dormir en el suelo hasta que tuviera dinero suficiente para rentar otro departamento.

Cada vez que pasaba a visitarlo tenía más muebles. Los fines de semana se iba a los contenedores de basura a conseguir latas de aluminio y buscar cosas para decorar su departamento. Comenzamos a rezar juntos y aunque tuvimos discusiones teológicas éstas eran más respetuosas. Comenzó a contarme historias de cuando se hizo cristiano.

Todo iba bien hasta que un 4 de Julio llegó y se preguntó: "¿Qué tiene de malo tomarse sólo un trago?". En fin, un trago se convirtió en tres semanas bebiendo, lo que le hizo perder su trabajo, su departamento y todas sus nuevas pertenencias. Repitió el mismo ciclo y regresó al río Platte. De todos modos esta vez no le llevó tanto tiempo arrepentirse otra vez. Después de algunas semanas en el suelo, ya estaba listo para intentarlo de nuevo.

Los próximos doce meses Steven perdió la sobriedad muchas veces, pero cada vez el amor de Dios empujaba a su hijo amado al bien. Steven progresó tanto que la última vez que se emborrachó le pidió a su patrón unos días para ir a la clínica de desintoxicación, así pudo mantener su empleo y pagar la renta sin perder nada.

Uno de los momentos más emocionantes que compartimos juntos fue un día poco antes de Navidad. Estábamos hablando por teléfono mientras yo intentaba penetrar más profundamente en su corazón pues sentía que la fuerza del amor de Dios quería sanar sus más profundas heridas emocionales. Cuando entré en ese espacio sagrado, pude sentir su soledad.

"¿Qué vas a hacer en Navidad", le pregunté.

"Mi jefe le dio a todos los empacadores un bono de $200 y un pavo de veinte libras, pero como no tengo forma de cocinarlo pues se lo di a uno de los muchachos".

"¿Quieres pasar la Navidad con mi familia? Vamos a la iglesia en la mañana y por la noche cenamos pavo".

Después de un largo momento de silencio me preguntó si yo era capaz de hacer algo así por él.

"Por supuesto", le dije. "Me encantaría. Paso por ti como a las 11:00 de la mañana".

Poco después de encontrarnos, Steven intentó comenzar una discusión acerca de a cuál iglesia íbamos a asistir y me repitió que la Biblia dice que no debemos llamar a nadie "padre" sino a Dios.

"Por favor, ven a cenar con mi familia, no vamos a comenzar a discutir de religión otra vez", le dije.

El amor que yo le había ofrecido a Steven estaba echando raíces profundas en su corazón. Por eso los demonios que tenían acceso a sus heridas no dejaban de tenderle trampas y aunque él tenía una necesidad desesperada de ser amado, sus mecanismos de defensa le incitaban a que discutiera conmigo.

Un rato más tarde Steven comenzó a despotricar contra mí y a ofenderme. Se puso tan mal la cosa que tuve que colgar. Me llamó cinco minutos después más enojado todavía y atacándome personalmente con frases como: "Tú no eres más que un niño fresa que no tiene idea de lo que es vivir en la calle donde no sobrevivirías ni un segundo".

Cuando comenzó a blasfemar, desconecté el teléfono y hablé con el Señor acerca del asunto: "No me merezco este maltrato. No le he hecho mas que bien y ahora él me maldice".

Implacablemente Dios siguió buscando a Steven. Durante mi oración Dios me dio la fortaleza y el amor para amarlo a pesar de sus abusos. Fui a la tienda y le compré un juego de pesas como regalo de Navidad. Sabía que las quería porque en la marina estaba en perfecta forma. Después de que el alcohol se apoderó de su cuerpo por tantos años, ya era tiempo de que comenzara a hacer ejercicio otra vez.

A la mañana siguiente toqué la puerta de su casa para dejarle el regalo. Una vez más la fuerza del amor inundó su corazón. Estaba feliz. El regalo casi lo hizo llorar. Me dijo: "¡No se lo diré a nadie más, pero, te quiero mucho!".

"Yo también a ti Steven", le dije.

Con el pasar de los años he visto el poder del amor librar a Steven de las garras de la muerte. El amor transformó a un alcohólico amargado y enojado en un hombre bueno que ahora se dedica a ayudar a otros vagabundos a salir de las calles.

Qué privilegio tan grande tiene un guerrero católico de poder usar el poder del amor de Dios para curar los corazones de quienes han sido heridos. El amor es un poder espiritual que ayuda a los hombres y mujeres atribulados a ponerse de pie. El amor paga el precio por los pecados de los demás, para que el amor de Dios pueda entrar en sus corazones y comience el proceso de conversión. El amor puede destruir las ataduras más poderosas y liberar a los que están en las sombras de la oscuridad.

Otro ejemplo del poder del amor de Dios lo encontramos en la vida de Richard Wurmbrand.[2] Era un pastor protestante de la iglesia evangélica rumana que sufrió catorce años de persecución en una prisión comunista a causa de su fe. Después de su liberación escribió varios libros que describen su experiencia en los más terribles actos de persecución que se pudiera imaginar.

En una de sus historias, Richard describe cuando los castigaron a todos con veinte latigazos por jugar ajedrez con piezas de pan que ellos mismos habían hecho. Richard estaba encadenado a una pared de concreto. Sus brazos y piernas estaban separados y no podía ni siquiera contener la crueldad de los azotes. Después de una tremenda paliza varios guardias arrojaron su cuerpo a una celda de aislamiento.

En vez de permitir que un espíritu de enojo o venganza lo invadiera, usó el poder del amor para superar su dolor. Forzó a su cuerpo a que se arrastrara por el suelo y se fue a la siguiente litera a ayudar a su amigo Gastón que yacía boca abajo también severamente golpeado.

EL GUERRERO CATÓLICO

Arrancó un poquito de tela de su camisa y lo remojó en agua para curar las heridas de Gastón mientras examinaba la piel desgarrada para que no tuviera astillas de madera. El cuerpo de Gastón temblaba por la fiebre, apenas si podía hablar.

Los únicos prisioneros que sobrevivieron a tales abusos fueron los que usaron el poder del amor. Quienes se dejaron llevar por el enojo y las emociones se consumieron rápidamente en las manos del espíritu maligno que sobrevolaba el campo de concentración. Hombres como Richard no sólo usaron el poder del amor para protegerse sino también para avanzar el reino de Dios.

En otro campo de concentración había una mujer que fue arrestada por su trabajo en la iglesia clandestina.[3] Como todos los demás, fue golpeada y torturada para que traicionara a quienes trabajaban con ella en su ministerio. Durante una de las golpizas, le dijo a su verdugo: "¡Me golpeas en vano! Nunca vas a acabar con mi amor a Dios y mi amor por ti".

El verdugo se rió a carcajadas y dijo: "¡Qué clase de niña tonta eres! ¡Yo te golpeo y tú declaras tu amor por mí!".

"Lo que te voy a decir son palabras que nunca oirías de una muchacha en circunstancias normales. Mientes me golpeabas he visto que tus manos son hermosas y me imagino cuánto las disfruta tu mujer cuando las usas para acariciarla. Sólo te hago una simple pregunta: ¿no es mejor acariciar que golpear? Cuando acaricias a tu mujer, ambos tienen placer. Estoy segura que no disfrutas más torturando que acariciando".

"Tus labios son también atractivos. Me imagino que tu mujer gozó con el primer beso que le diste. ¿No es mejor besar que ofender a la gente y maldecirla con palabras estúpidas?".

El hombre la abofeteó y le dijo: "¡Deja de decir estupideces! No me interesan tus mentiras idiotas. Mejor dime con quién trabajabas en tus actividades clandestinas. Aquí no estamos en el negocio del amor sino buscando antirevolucionarios".

Ella le dijo: "Tengo un novio que no sólo me ama sino que es el amor mismo. De Él aprendí a amar a todos los que me hacen bien y a los que me hieren".

Después le dio un golpe tan fuerte que la derribó sobre el piso de concreto donde se golpeó la frente y se desmayó. Al despertar vio al verdugo sentado en meditación.

"Ustedes los prisioneros gritan cuando los golpeamos. ¿Por qué? Sienten dolor, pero su sufrimiento no es nada comparado con el mío. A ustedes se les golpea una media hora. Tenemos muchos a quienes golpear y no da tiempo de más. Después se van a su celda mientras yo tengo que seguir golpeando ocho horas al día, seis días a la semana, doce meses al año y durante ya diez años. La única música que oigo son los latigazos y los gritos de los torturados. Es una locura. En la tarde, al salir de aquí me pongo borracho y me voy a mi casa, donde también golpeó a mi mujer".

Después de un breve silencio le preguntó: "¿Quién es ese novio tuyo que te enseñó a amar sin distinción a los buenos y a los malos?".

Ella le dijo: "Es Jesús", y comenzó a hablarle de Él.

"¿Cómo puedo convertirme en su amigo?", preguntó.

"Tienes que arrepentirte de tus pecados, tener fe en que Él murió por ti en la cruz y luego bautizarte".

"Entonces bautízame". La llevó a una piscina, la arrojó al agua y ella lo bautizó. Fue una conversión sincera, la prueba está en que él se arriesgó para poder sacarla de la cárcel.

Otro ejemplo de amor lo encontramos en un pueblito del Medio Oeste americano donde un puente elevadizo se extendía sobre un río muy ancho.[4] La mayor parte del día el puente estaba levantado para permitir el paso de los barco, pero en algunas ocasiones se bajaba para que el tren cruzara sobre el río.

El operador del puente se sentaba en una casetita para accionar el sistema y que el tren pasara cuando fuera necesario. Una tarde, el operador estaba esperando a que pasara el último tren del día. Miró a la distancia y vio la luz del tren viniendo. Se paró delante de los controles y accionó una larga palanca. Se horrorizó al ver que el mecanismo no funcionó correctamente. Si el puente no se embonaba bien causaría que las puntas se deslizaran hacia delante y hacia atrás provocando que el tren se saliera de la vía y cayera en le río.

Inmediatamente corrió por el puente hasta el otro lado, donde había otra palanca que podría accionar el sistema manualmente. Cuando llegó a la palanca se concentró en ella con todas sus fuerzas. Ya sentía el vibrar de las vías en sus pies. Se inclinó hacia atrás para aplicar todo su peso sobre la palanca y poner así el puente en posición. Muchas vidas dependían de la fuerza de este hombre pues tenía que mantener la presión hasta que el tren pasara por completo.

Del otro lado del puente, de cerca de la casetita, el

hombre escuchó un sonido que le heló la sangre: "¿Papi, dónde estás?". Su hijo de cuatro años estaba atravesando el puente buscándolo a él. Su primer impulso fue gritarle para que corriera, pero el tren ya estaba muy cerca y las piernitas del niño nunca iban a lograr pasar el puente antes de que el tren pasara. Entonces el hombre casi deja la palanca para correr por el niño, pero se dio cuenta de que no tendría tiempo de volver a la palanca antes de que pasara el tren. Su hijo o los pasajeros tenían que morir. Tomó la decisión en un momento.

El tren pasó suavemente y con seguridad. Nadie a bordo notó la caída inmisericorde del cuerpecillo del niño en el río, ni mucho menos, se dieron cuenta de la triste figura de un hombre sollozando mientras todavía detenía la palanca con fuerza mucho tiempo después de que el tren había pasado. Tampoco lo vieron caminar a su casa a decirle a su esposa cómo había sacrificado a su hijo.

La definición más profunda del amor sucedió en el Gólgota, cuando la cruz de madera cayó sobre el suelo para que Jesús fuera clavado en ella. Varios guardias tomaron sus brazos y piernas mientras el centurión clavaba los enormes clavos en sus muñecas. Juntaron sus pies, con los dedos hacia abajo y clavaron otra punta en el arco de los pies.

El sonido estridente del metal alimentó a la multitud furiosa. Se burlaron de Él con frases como: "Si salvó a otros que se salve a sí mismo", "el rey de los judíos, ja.., que baje de la cruz y reine sobre Israel".

Cuando la cruz fue alzada, terribles dolores le recorrieron todos sus músculos generándole un dolor punzante y terribles calambres. Todo el peso de su cuerpo estaba suspendido de los clavos. No podía respirar sin empujarse un poco hacia arriba para al menos inhalar un poco de oxígeno para sus moribundos pulmones. Tenía que apoyarse en el clavo de sus pies y cada vez se le raspaba más la espalda contra la madera rugosa de la cruz.

Después de horas de dolor incesante el dióxido de carbono comenzó a llenar sus pulmones y a envenenarle la sangre. Los músculos del corazón sufrían para bombear con dificultad una sangre delgada y perezosa en su tejido muscular. Pudo sentir el miedo de la muerte arrastrándose por su cuerpo mientras la turba seguía profiriendo blasfemias, arrojando piedras y burlándose de Él. "Este hombre decía que era Dios. Quería destruir el templo y reconstruirlo en tres días".

Con el último hilo de fuerza, Jesús miró a los ojos de los hombres que lo rodeaban y con amor en su corazón se apretó a los clavos para tomar más aire y proferir las últimas palabras: *"Padre, perdónalos, porque no saben lo que hacen".*[5]

Instantáneamente se rompió en dos la cortina del templo, un terremoto sacudió la tierra y las piedras se rompieron. Las tumbas de hombres santos se abrieron porque habían ya resucitado en Cristo. Jesús conquistó al maligno con el poder del amor. En ese momento, se abrieron los conductos espirituales entre el cielo y la Tierra. El tomó sobre sí toda la enfermedad que Satanás pudo infringirle y aún así siguió amando.

Jesús derrotó al maligno con el poder del amor.

Antes de la crucifixión, Satanás y su vasto ejército de demonios habían cubierto toda la faz de la tierra con las tinieblas. Habían empezado con la caída de Adán y Eva, de ahí continuaron por generaciones. Para dispersar las tinieblas, Jesús se hizo hombre, develando así su divinidad y tomó forma de esclavo. Entro en el mundo de las tinieblas para instalar un conducto de amor de Dios desde el cielo a la Tierra.

Ahora todo guerrero puede aprovecharse del mismo conducto espiritual del amor de Dios. Un guerrero puede caminar en la oscuridad del infierno, sea que esté en un club nocturno, en una prisión o en campo de concentración y dispersar las tinieblas uniéndose a ese conducto que Jesús estableció en la cruz. Cuando un guerrero ama, el amor de Dios fluye a través de él y dispersa las tinieblas como lo hace una lámpara en un cuarto oscuro.

El amor es más que una simple emoción. Es una función espiritual del corazón. Los sentimientos vienen y se van. Cristo no tenía bonitos sentimientos mientras moría en la cruz sino que le suplicó a su Padre: *"Padre, si es posible, que esta copa se aleje de mí. Pero no se haga lo que yo quiero, sino lo que quieres tú".*[6] Jesús tomó la decisión de sufrir la crueldad de Satanás para establecer una nueva alianza.

El amor es una lucha activa contra el maligno. No es sólo una pasiva tolerancia de quien sufre abuso sino que el amor se pone en pie de lucha por lo que es santo a cualquier costo. El amor desea desesperadamente llegar al corazón de todo hombre. Quiere llenar el santuario interior de todo hombre con la luz de la esperanza y afirmar que todo es bueno. El amor saca nuestras mejores cualidades. Mira más allá de comportamientos pasados y hace aflorar el verdadero potencial de todo hombre.

Dios es amor y el amor lo conquista todo. El arma número uno del guerrero es el amor de Dios. Con el poder del amor los guerreros podrán liberar a los cautivos, sanar los corazones enfermos, deshacer las ataduras del demonio y traer la luz de Cristo a este mundo de oscuridad. El amor cura todas las heridas, restablece los matrimonios rotos y suaviza los corazones más duros. Todo lo soporta, todo lo cree y todo lo fortalece. ¡El amor lo conquista todo!

Me ha sido dada toda autoridad en el Cielo y en la tierra. Vayan, pues, y hagan que todos los pueblos sean mis discípulos. Bautícenlos en el Nombre del Padre y del Hijo y del Espíritu Santo, y enséñenles a cumplir todo lo que yo les he encomendado a ustedes. Yo estoy con ustedes todos los días hasta el fin de la historia.

Mateo 28,18-20

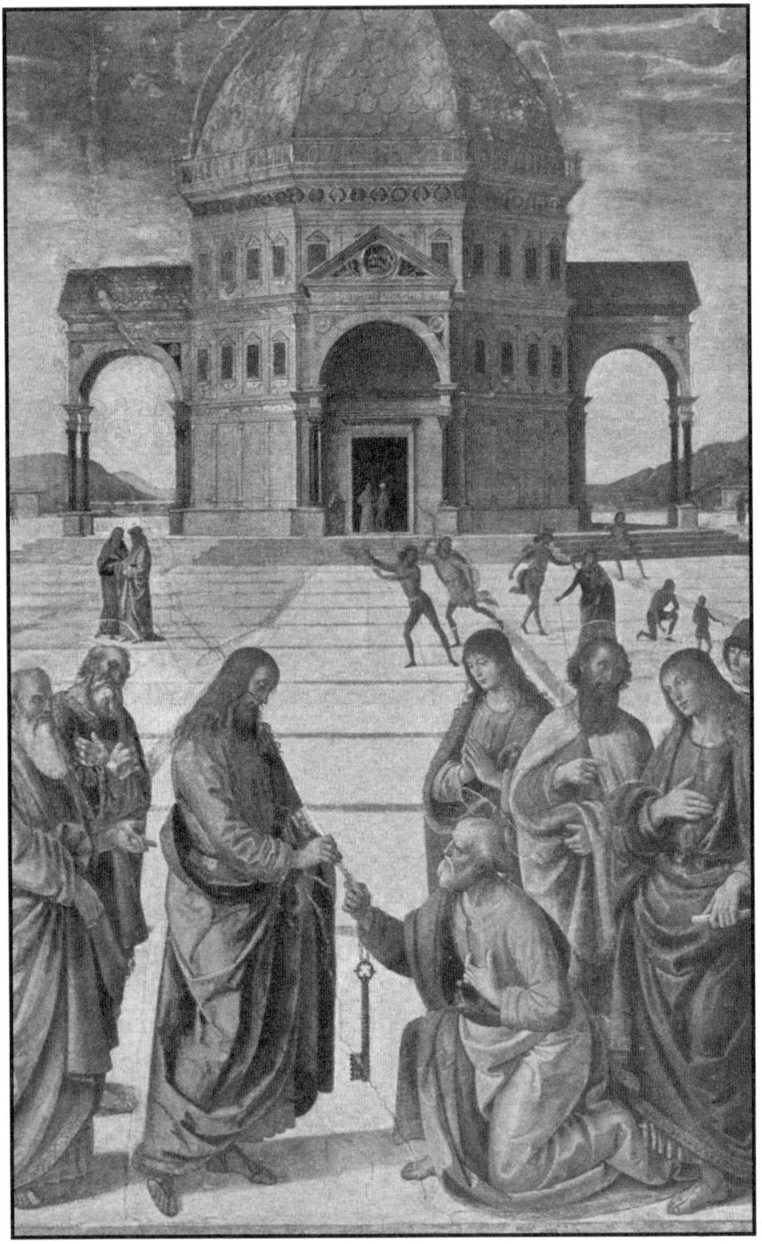

1

CAPÍTULO NUEVE
ENCARGADOS DE UNA MISIÓN

En este momento eres enviado a realizar la misión de hacer que avance el reino de Dios. El Comandante del ejército del Señor dice: "¡Vete, el tiempo es corto!". Ve y lucha contra todas la formas de maldad que se hayan infiltrado en tu esfera de influencia. Ve y adquiere autoridad sobre toda la tierra que pisen las plantas de tus pies. Ve y da fruto abundante con los talentos y habilidades que se te dieron.

Como guerrero espiritual, se te ha dado el poder de la fe. Puedes decirle al árbol de moras: *Arráncate y plántate en el mar, y el árbol les obedecerá.*[2] Porque Jesús dice: *"Si tuvieran fe, del tamaño de un granito de mostaza, le dirían a este cerro: Quítate de ahí y ponte más allá, y el cerro obedecería. Nada sería imposible para ustedes".*[3]

Tienes el poder del amor. Puedes usarlo para ablandar los corazones endurecidos, restaurar los matrimonios quebrantados, educar hijos al estilo de Dios, confortar al solitario y curar heridas emocionales. Dios es amor y mientras uses el inagotable amor de Dios, podrás traer el poder de Dios a las tinieblas del infierno mismo, ya sea en un club nocturno, en una prisión o en un campo de concentración.

Se te ha dado la armadura de Dios y el poder de resistir a las artimañas del diablo. Tienes el cinturón de la verdad, la coraza de la rectitud y el evangelio de la paz para proteger tus pies. Cuentas también con el escudo de la fe para sofocar las flechas flameantes del maligno y tienes el casco de la salvación y la espada del espíritu, que es la Palabra de Dios.

Cuentas con el poder de la oración. Puedes ir seguro ante el trono de la gracia siempre que quieras. Jesús dice: *"Todo lo que pidan en mi Nombre lo haré, de manera que el Padre sea glorificado en su Hijo. Y también haré lo que me pidan invocando mi Nombre"*.[4]

Se te ha dado autoridad sobre todas las obras del enemigo. Jesús les dio ese poder a todos sus discípulos cuando dijo: *"Yo veía a Satanás caer del cielo como un rayo. Miren que les he dado autoridad para pisotear serpientes y escorpiones y poder sobre toda fuerza enemiga: no habrá arma que les haga daño a ustedes"*.[5]

Se te ha dado el poder de un ejército celestial. *Cada fiel tiene a su lado un ángel como protector y pastor para conducirlo a la vida. Con todo su ser, los ángeles son servidores y mensajeros de Dios. Porque contemplan constantemente el rostro de mi Padre que está en los cielos, son agentes de sus órdenes, atentos a la voz de su palabra.*[6]

Se te ha dado la protección de una Iglesia universal. Fundada sobre Pedro el día que Cristo dijo: *"Tú eres Pedro (o sea Piedra), y sobre esta piedra edificaré mi Iglesia; los poderes de la muerte jamás la podrán vencer. Yo te daré las llaves del Reino de los Cielos: lo que ates en la tierra quedará atado en el Cielo, y lo que desates en la tierra quedará desatado en el Cielo"*.[7]

Se te ha dado la seguridad de una Iglesia universal.

Las llaves del reino de los cielos representan el poder y la autoridad que se le ha dado a Pedro. Él fue el líder de los doce apóstoles y, cuando murió, pasó las llaves a San Lino, quien fue el segundo Papa, Obispo de Roma. Cuando murió San Lino su poder y autoridad pasaron a San Anacleto y así la sucesión papal ha continuado durante más de 2.000 años.

Se te ha dado la protección de una Iglesia universal. La Iglesia Católica ha durado más que cualquier gobierno del mundo. Ésta goza de presencia y protección de la promesa de Cristo que dijo: *"los poderes de la muerte jamás la podrán vencer".*[8] La Iglesia Católica continuará existiendo hasta el fin de los tiempos.

Tienes el poder de la santa Comunión. Puedes recibir la divina presencia de Dios todos los días. Es mucho más que un símbolo, es la presencia real de Cristo. Jesús dijo: *"En verdad les digo que si no comen la carne del Hijo del Hombre y no beben su sangre, no tienen vida en ustedes".*[9] La comunión es el alimento que da la vida y que nutre y renueva la vida espiritual de la misma forma en la que la comida material alimenta el cuerpo.

Cuentan con el poder de la confesión. Tus pecados pueden quedar perdonados siempre que quieras. Así como el oriente dista de occidente, Dios perdonará tus pecados a través del sacramento de la Confesión, que te reunirá con Cristo y a través del cual recibirás las gracias necesarias para eliminar el pecado de tu vida.

Tienes la comunidad y la comunión con más de mil millones de católicos en todo el mundo. Donde quiera que vayas en el mundo, desde la más pequeña villa en África hasta la gran ciudad de Roma, hay una iglesia católica cerca. Puedes participar del culto con la comunidad de creyentes que tienen la misma doctrina y que reconocen la autoridad del Papa. Puedes estar en contacto con tu familia espiritual siempre que quieras y recibir el apoyo necesario para fortalecerte en tu camino espiritual.

Cuentas con la riqueza y profundidad de más de 2,000 años de historia de la Iglesia. Recibes la sabiduría y las ideas de cientos de hombres y mujeres de Dios que han fundado la Iglesia con su buen ejemplo y muchas veces con el precio de su propia sangre. San Juan de la Cruz, Santo Tomás de Aquino, San Agustín, San Juan Crisóstomo, Santa Teresa de Jesús, Santa Catalina de Siena y San Francisco de Sales, entre otros muchos, han dejado detrás de sí escritos maravillosos y los santos ejemplos de sus propias vidas.

Se te ha dado el poder de la Santa Biblia. Puedes entrar en contacto con Dios en todo momento, simplemente leyendo su palabra. *En efecto, la palabra de Dios es viva y eficaz, más penetrante que espada de doble filo, y penetra hasta donde se dividen el alma y el espíritu, las articulaciones y los tuétanos, haciendo un discernimiento de los deseos y los pensamientos más íntimos.*[10] Meditando la Palabra de Dios, serás capaz de renovar diariamente tu mente en Cristo Jesús.

Se te ha dado el *Catecismo de la Iglesia Católica* que es colección de los más bellos y profundos escritos acerca de nuestra fe. Sus 2865 párrafos tienen *por fin presentar una exposición orgánica y sintética de los contenidos esenciales y fundamentales de la doctrina católica, tanto sobre la fe como sobre la moral, a la luz del Concilio Vaticano II y del conjunto de la Tradición de la Iglesia. Sus fuentes principales son la Sagrada Escritura, los Santos Padres, la Liturgia y el Magisterio de la Iglesia.*[11]

Te fue dado el poder del Espíritu Santo en el

Bautismo cuando a tu alma se le imprimió un signo espiritual indeleble. *El Bautismo no solamente purifica de todos los pecados, hace también del neófito "una nueva creación", un hijo adoptivo de Dios que ha sido hecho "partícipe de la naturaleza divina", miembro de Cristo, coheredero con Él y templo del Espíritu Santo.*[12]

Se te ha dado el poder del Espíritu Santo en la Confirmación cuando a tu alma se le imprimió un carácter indeleble. *Por este hecho, la Confirmación confiere crecimiento y profundidad a la gracia bautismal: nos introduce más profundamente en la filiación divina que nos hace decir "Abbá, Padre"; nos une más firmemente a Cristo; aumenta en nosotros los dones del Espíritu Santo; hace más perfecto nuestro vínculo con la Iglesia; nos concede una fuerza especial del Espíritu Santo para difundir y defender la fe mediante la palabra y las obras como verdaderos testigos de Cristo, para confesar valientemente el nombre de Cristo y para no sentir jamás vergüenza de la cruz.*[13]

Se te han dado los dones del Espíritu Santo. *A uno se le da, por el Espíritu, palabra de sabiduría; a otro, palabra de conocimiento según el mismo Espíritu; a otro, el don de la fe, por el Espíritu; a otro, el don de hacer curaciones, por el único Espíritu; a otro, poder de hacer milagros; a otro, profecía; a otro, reconocimiento de lo que viene del bueno o del mal espíritu; a otro, hablar en lenguas; a otro, interpretar lo que se dijo en lenguas.*[14]

Dios te ha dado muchos talentos y habilidades porque Dios te creó con un plan y con un propósito para tu vida. *Al primero le dio cinco talentos de oro, a otro le dio dos, y al tercero solamente uno, a cada cual según su capacidad.*[15] Tienes la oportunidad de usar tus talentos para promover el reino de Dios. Tienes la oportunidad de escuchar a tu Maestro decir: *"Muy bien, servidor bueno y honrado; ya que has sido fiel en lo poco, yo te voy a confiar mucho más. Ven a compartir la alegría de tu patrón".*[16]

Recuerda que además eres sacerdote, profeta y rey: un sacerdote ungido con el poder de traer la gracia de Dios a la vida de los demás, un profeta ungido con el poder de decir la verdad de Dios en un mundo de oscuridad, un rey ungido con el poder de avanzar y promover el reino del Padre Celestial aquí en la Tierra.

Puedes comunicarte con el Amante de tu alma siempre que lo desees en el Santísimo Sacramento. Dios desea ansiadamente llenar tu santuario interior con la paz de su presencia. Desea hablarte a un nivel profundo, personal e íntimo. Quiere curar todas tus heridas emocionales y está disponible con sólo pasar un poco de tiempo en la capilla de la adoración o ante el sagrario.

Ustedes han sido invitados al banquete de bodas, un banquete de los manjares más deliciosos y los vinos más finos. Tu Padre dice: *"He preparado un banquete, ya hice matar terneras y otros animales gordos y todo está a punto. Vengan, pues, a la fiesta de la boda".*[17]

Tienes sobre todo a Dios que quiere convertirte en su amada esposa. *Y serás una corona preciosa en manos de Yavé, un anillo real en el dedo de tu Dios. Como un joven se casa con una muchacha virgen, así el que te reconstruyó se casará contigo, y como el esposo goza con su esposa, así harás las delicias de tu Dios.*[18]

Tienes un Dios tan rico en misericordia que te perdonará todos tus pecados, sin importar lo que hayas hecho en el pasado. *Cuanto se alzan los cielos sobre la tierra tan alto es su amor con los que le temen. Como el oriente está lejos del occidente así aleja de nosotros nuestras culpas.*[19]

Tienes a Dios que te ama tanto que se despojó a sí mismo de su dignidad divina y tomo forma de esclavo. Resistió terribles sufrimientos y dolores en la cruz para destruir las ataduras que Satanás tenía en tu alma. Has sido comprado a un precio muy alto. Has sido lavado, redimido y santificado con la sangre del Cordero.

Has sido invitado a pasar el resto de la eternidad con Dios en el cielo. ¿Qué esperas? Quítate de encima todo lo que te pesa y echa a un lado lo que te estorba. Comienza a pelear la buena batalla de la fe. Destruye la autoridad de todo lo que te tenga atrapado en un estado de complacencia y decídete a servir a Dios en espíritu y en verdad.

¡El tiempo es corto! Antes de los próximo cien años tu vida habrá concluido, el mundo, tal como lo conoces ahora, dejará de existir y te presentarás ante el trono del juicio de Dios. ¿Estás listo para rendir cuentas de tu vida?

Jesús dice: *"Entren por la puerta angosta, porque ancha es la puerta y espacioso el camino que conduce a la ruina, y son muchos los que pasan por él. Pero ¡qué angosta es la puerta y qué escabroso el camino que conduce a la salvación! y qué pocos son los que lo encuentran".*[20] ¿Estás yendo por el camino duro y estrecho? ¿Estás usando tus talentos y dones para promover el reino de Dios?

Hay una multitud de testigos animándote a llegar a la meta final. Te están llamando por tu nombre, animándote a pelear la buena batalla de la fe. Corre la carrera de tal manera que ganes el premio. Los atletas ejercitan el auto control en todas las cosas y lo hacen para recibir un premio pasajero. ¡Tú tienes la oportunidad de recibir una corona de oro!

EL GUERRERO CATÓLICO

¡Pónganse de pie, todos ustedes, guerreros de Dios!

El Espíritu de Dios dice: "¡Ven!".

¡Desde hoy se te ha encomendado una misión!

NOTAS

Capítulo uno — La visión
1. Gustave Doré, "La guerra contra Gabaón" (detalle), *The Bible Gallery* (New York: Cassell & Company, 1880); Cf. Josué 10.
2. Hebreos 11,33–34.
3. 2 Corintios 11,27.
4. Lucas 10,19.
5. Mateo 17,20.
6. Apocalipsis 22,17.

Capítulo dos — El enemigo
1. Gustave Doré, "La muerte a caballo" (detalle), *The Bible Gallery* (New York: Cassell & Company, 1880); Cf. Apocalipsis 6,8.
2. Juan 12,31.
3. Juan 18,36.
4. Lucas 4,6–7.
5. Juan 8,44.
6. Lucas 11,24–26.
7. 2 Corintios 12,7.
8. Lucas 4,39.
9. Mateo, 17,18.
10. Lucas 13,12.
11. Lucas 13,16.
12. Marcos 5,2–9.
13. Marcos 5,11–13.
14. Mateo 4,3.
15. Job 2,6–7.

NOTAS

Capítulo tres — Visión del mundo

1. Eyck, Jan Van, "El juicio final" (detalle), The Metropolitan Museum of Art, Fletcher Fund, 1933, 33.92B. Con los debidos permisos.
2. Apocalipsis 12,7–9.
3. Apocalipsis 12,12.
4. Génesis 3,1.
5. Génesis 3,5.
6. Génesis 4,6–7.
7. Génesis 5,24.
8. Génesis 6,6–7.
9. Génesis 1,7 y cf. Génesis 7,11 ss.
10. Éxodo 24,7.
11. Éxodo 20,4.
12. Deuteronomio 18,9–12.
13. Jeremías 2,2.5.7.12–13.
14. Mateo 4,3.
15. Mateo 4,4.
16. Mateo 4,6.
17. Mateo 4,7.
18. Mateo 27,29–30.
19. Mateo 27,46.

Capítulo cuatro — Puertas abiertas

1. Gustave Doré, "La muerte de Sansón" (detalle), *The Bible Gallery* (New York: Cassell & Company, 1880); Cf. Jueces 16.
2. Juan 8,34.
3. Gálatas 5,21.
4. Génesis 2,24 cf. 1 Corintios 6,16.
5. Mateo 5,28.
6. Santiago 1,13.
7. 2 Corintios 11,14.
8. Catecismo de la Iglesia Católica, 2116 — Cf. Deuteronomio 18,10; Jeremías 29,8.
9. 1 Corintios 6,18.
10. 2 Corintios 6,14–15 y 17.

Capítulo cinco — Adquiriendo autoridad
1. Gustave Doré, "Elías dando muerte a los mensajeros de Ocozías" (detalle), *The Bible Gallery* (New York: Cassell & Company, 1880); Cf. 2 Jueces 1.
2. Josué 1,2–3,7 y 9.
3. Josué 5,13.
4. Josué 5,14.
5. Josué 5,14.
6. Josué 6,2–5.
7. Josué 7,7.
8. Josué 7,10–12.
9. Josué 7,19.
10. Josué 7,20–21.
11. Lucas 10,19.
12. 2 Reyes 6,15.
13. 2 Reyes 6,16–17.
14. Hebreos 1,14.
15. Catecismo de la Iglesia Católica 336 y 329 — Cf. Mateo 18,10; Lucas 16,22; Salmos 34,8; 91,10–13; Job 33,23–24; Zacarías 1,12; Tobías 12,12. San Basilio de Cesarea, *Adversus Eunomium*, 3, 1: PG 29, 656B; Mateo 18,10; Salmos 103,20.
16. Apocalipsis 12,12 y 20,10.
17. 2 Corintios 4,4.
18. Catecismo de la Iglesia Católica 873 y 783 — Cf. Concilio Vaticano II, *Apostolicam actuositatem*, 2; Juan Pablo II, *Redemptor hominis*, 18–21.

Capítulo seis — La armadura de Dios
1. Gustave Doré, "Daniel con los leones" (detalle), *The Bible Gallery* (New York: Cassell & Company, 1880); Cf. Daniel 6.
2. Efesios 6,10–17.
3. Marcos 2,7.
4. Marcos 2,8–11.
5. Juan 20,21–23.
6. Catecismo de la Iglesia Católica, 1538 — Cf. Hechos 1,8; 1 Timoteo 4,14; 2 Timoteo 1,6.

7. Juan 6,53 y 56.
8. 2 Timoteo 3,12.
9. Mateo 5,10.
10. Hebreos 12,7–8 y 11.
11. Gálatas 5,16–17.
12. Mateo 4,4; Cf. Deuteronomio 8,3.
13. Catecismo de la Iglesia Católica, 905 y 904 — Santo Tomás de Aquino, *Summa theologiae*, III, 71, 4, ad 3.
14. Juan 8,31–32.
15. Hebreos 4,12.
16. Mateo 5,32.
17. Mateo 17,20.

Capítulo siete — La fe del guerrero
1. Gustave Doré, "Jesús calma la tempestad" (detalle), *The Bible Gallery* (New York: Cassell & Company, 1880); Cf. Mateo 8,23–27.
2. Mateo 6, 25 y 30.
3. Mateo 8,25.
4. Mateo 8,26.
5. Mateo 8,27.
6. Mateo 17,15–16.
7. Mateo 17,17.
8. Mateo 17,19.
9. Mateo 17,20.
10. Mateo 14,23–24.
11. Mateo 14,26.
12. Mateo 14,27.
13. Mateo 14,28.
14. Mateo 14,29.
15. Mateo 14,29–30.
16. Mateo 14,31–33.

Capítulo ocho — El amor del guerrero
1. Gustave Doré, "Acercamiento a la Crucifixión" (detalle), *The Bible Gallery* (New York: Cassell & Company 1880); Cf. Lucas 23.

2. Versión del autor basada en el libro de Richard Wurmbrand, *In God's Underground* (Bartlesville, OK: Living Sacrifice Book Company, 1968), pp. 228–229. www.persecution.com. Con los debidos permisos.
3. Versión del autor basada en el libro de Richard Wurmbrand, *From Suffering to Triumph* (Grand Rapids, MI: Kregel Publications, 1993), pp. 49–51. www.persecution.com. Con los debidos permisos.
4. Autor anónimo. *El puente*.
5. Lucas 23,34.
6. Mateo 26,39.

Capítulo nueve — Encargados de una misión

1. Perugino, "Cristo entregando las llaves a San Pedro" (detalle), *The Vatican: its History its Treasures* (New York: Letter and Arts Publishing Co., 1914) p. 74; Cf. Mateo 16,18–19.
2. Lucas 17,6.
3. Mateo 17,20.
4. Juan 14,13–14.
5. Lucas 10,18–19.
6. Catecismo de la Iglesia Católica, 336 y 329 — Cf. San Basilio de Cesarea, *Adversus Eunomium*, 3, 1: PG 29, 656B; Mateo 18,10; Salmos 103,20.
7. Mateo 16,18–19.
8. Mateo 16,18.
9. Juan 6,53.
10. Hebreos 4,12.
11. Catecismo de la Iglesia Católica, 11.
12. Catecismo de la Iglesia Católica, 1265 — Cf. 2 Corintios 5,17; Gálatas 4,5–7; 2 Pedro 1,4; 1 Corintios 6,15; 12,27; Romanos 8,17; 1 Corintios 6,19.
13. Catecismo de la Iglesia Católica, 1303 — Cf. Romanos 8,15; Concilio Vaticano II, *Lumen gentium*, 11; Concilio de Florencia: DS, 1319; Concilio Vaticano II, *Lumen gentium*, 11; 12.

NOTAS

14. 1 Corintios 12,8–10.
15. Mateo 25,15.
16. Mateo 25,21.
17. Mateo 22,4.
18. Isaías 62,3 y 5.
19. Salmos 103,11–12.
20. Mateo 7,13–14.

ACERCA DEL AUTOR

El propósito y la pasión en la vida de Robert Abel son predicar la verdad de Dios a la generación actual. Vive en Denver, Colorado, donde dirige un apostolado con los vagabundos y ayuda a sanar a quien sufre, dándole consejos e impartiendo seminarios de sanación espiritual.

Para más información acerca de *El guerrero católico*, por favor, visite: **www.GuerreroCatolico.com**

Para más información acerca de la sanación física

El poder sanador de Jesús
por Robert Abel

¿Tienes dolor? ¿Sufres a causa de una enfermedad grave? ¡Dios quiere liberarte!

La Biblia nos dice que Jesucristo es el mismo ayer, hoy y siempre. El mismo poder milagroso que brotó de la vida de Cristo está a tu disposición hoy mismo. Lo único que tienes que hacer es acceder a este poder.

En este libro, Robert Abel te enseñará cómo hacerlo. Los ejercicios espirituales que ofrecen estas páginas dadoras de vida tienen el poder de destruir todas las ataduras, enfermedades y dolencias de tu vida, de sanarte y de guiarte hacia una relación íntima con tu Padre celestial.

Esta promesa se te ha hecho a ti. ¿A qué esperas? Permite que el poder milagroso del Señor te transforme la vida hoy mismo.

Este libro está disponible en tu librería local o en línea en www.PoderSanador.com
96 Páginas — $6.99 U.S.

Para más información acerca de la sanación emocional

El poder sanador del corazón
por Robert Abel

¿Te sientes alejado del amor de Dios? ¿Buscas la plenitud total de tu vida?

Jesús vino para que tengas vida ¡y la tengas en *abundancia!* Él quiere sanar todas tus heridas y llenar tu corazón de su increíble amor.

En este libro Robert Abel te mostrará cómo establecer una relación más profunda y apasionada con Jesús. Los ejercicios espirituales que ofrecen estas páginas dadoras de vida tienen el poder de romper todas las ataduras que existan en tu vida y de llevar el poder sanador del Señor a todas tus experiencias traumáticas pasadas.

Jesús quiere llevarte en una asombrosa aventura por los rincones más profundos de tu alma. Te está llamando ahora mismo: *"Vengan a mí los que van cansados, llevando pesadas cargas, y yo los aliviaré"*.

¿A qué esperas? Embárcate en la aventura de tu vida. Abre tu corazón y siente la plenitud del extravagante amor de Dios.

Este libro está disponible en tu librería local o en línea en www.PoderSanador.com

72 Páginas — $5.99 U.S.

Si quieres apoyar o ser parte de nuestro ministerio, podrías hacerlo propagando el mensaje de *El guerrero católico*. Para adquirir más ejemplares de este libro o para hacer un donativo, sigue la siguiente información.

Ejemplares	Precio de ministerio
3	$25 US
6	$40 US
9	$50 US

Estos precios incluyen impuestos y gastos de envío dentro de los Estados Unidos. Para envíos a otros países, por favor, contáctanos. Gracias por tu generosa aportación.

Envía el pago a:

Valentine Publishing House
El guerrero católico
P.O. Box 27422
Denver, Colorado 80227